커피로스팅 3

**MODULATING THE FLAVOR PROFILE OF COFFEE:
ONE ROASTER'S MANIFESTO**

© 2015 by Rob Hoos

—

**TIPPING AND ITS AVOIDANCE:
A STYLE GUIDE FOR COFFEE ROASTERS**

© 2022 by Rob Hoos

—

EXPLORING THE DARK SIDE

© 2023 by Rob Hoos

Copyright Notice: by Rob Hoos. All rights reserved.

MODULATING THE FLAVOR PROFILE OF COFFEE·
TIPPING AND ITS AVOIDANCE·EXPLORING THE DARK SIDE

커피로스팅 3

롭 후스 지음
최익창 옮김 | 서필훈 감수

COFFEE LIBRE

차 례

PART 1

최적의
향미
프로파일

당신이 이 글을 읽어 볼 만한 이유 ___ 15
시작하며 ___ 18

매니페스토 ___ 20
패러다임 전환 ___ 22
생두 선택의 중요성 ___ 24
투입: 화학반응의 시작 ___ 26
마이야르 반응 ___ 31
발현 시간 ___ 47
캐러멜화/열분해 정도 ___ 59
로스팅 중 커피콩 내 압력 형성 ___ 64
향미를 조율하는 방법 ___ 69

마치며 ___ 73
부록: 향미에 대한 생각 ___ 74

PART 2

티핑을 방지하는 법:
커피 로스터를 위한
스타일 가이드

사전 소개	79
도입	80
오해	83
갈라파고스 세트	90
해법	94
티핑이란?	97
대안	104
결론	106
부록: 공기 흐름	109

PART 3

다크
로스팅
탐구

배경 ____ 119
강배전 정의 ____ 121
패러다임에 도전하다 ____ 124
향수 ____ 127
이터레이션 커피 ____ 129
커피 정보 ____ 131

약배전 1차 시도 ____ 135
약배전 2차 시도 ____ 138
강배전 1차 ____ 143
강배전 2차 ____ 146
강배전 3차 ____ 150
강배전 4차 ____ 154
1차 크랙 진행 비교 1 ____ 157
강배전 5차 ____ 163
강배전 6차 ____ 166
1차 크랙 진행 비교 2 ____ 169

어떻게 하면 될까? ____ 172
강배전 커피의 향미 프로파일 조절 ____ 174
결론 ____ 180
후기 ____ 182

역자 후기 ____ 184

PART 1

최적의 향미 프로파일

내 인생의 기쁨, 사랑하는 아내와 딸들에게

나를 낳아 준 부모님, 존 후스 그리고 메리베스 후스에게

존경해 마지않는 나의 형, 케빈 후스에게

고락을 함께하고 책을 만드는 내내 의지가 되어 준 친구 윌리엄 셰퍼에게

오랜 친구 자크 레먼, 그가 없었다면 나는 커피를 모르고 살았을지도 모른다.

나를 포틀랜드로 이끌어 준 아우구스또 까르발로 디아스 까네이로에게

감사의 말을 전한다.

사진 ⓒ Connie Blumhardt

당신이
이 글을 읽어 볼 만한
이유

솔직히 말하면, 공개적으로 내 이야기를 하는 게 쉽지는 않았다. 특히 이런 정보를 공개하는 이유가 사람들에게 깊은 인상을 주기 위해서라면 더욱 그렇다. 나는 유명하지도 않고 잘 알려진 커피 로스터도 아니다. 그럼에도 여러분에게 내 경험과 생각, 의견을 나눌 만한 자격이 있는지 알려야 하니 간략하게 내 소개를 하겠다.

나는 컨설턴트로 일한다.
- 특히 로스팅 장비나 제조업체를 바꾸었을 때 향미 프로파일 최적화를 전문적으로 컨설팅한다.
- 나와 함께 일했던 로스팅 팀들은 내가 이 책에서 설명한 이론을 적용해, 자신들이 볶은 커피와 내가 볶은 것을 구별하지 못할 정도로 커피의 향미를 일치시킬 수 있었다. (다른 제조사의 로스터를 사용하는 경우도 마찬가지였다.)
- 나는 커피 업계의 2차 물결과 3차 물결에 속하는 다양한 고객들과 함께 성공적으로 일했다. 그중에는 유명 인사도 있고 지역에서 잘 알려진 이들도 있다.

나는 미국 스페셜티 커피협회(SCAA Specialty Coffee Association of America)의 일원이자 미국 로스터 길드(RG Roaster's Guild of America) 회원으로서 산업 교육을 담당하고 있다.

- 강사 개발 프로그램 자격
- 로스팅 자격증 수석 강사
- SCAA와 RG에서 로스팅 담당 전문가
- RG 인증 위원회 위원
- RG 레벨2 교육과정 개발
- 중국 베이징 RG 레벨1 자격증 프로그램 강사
- RG 레벨1 및 레벨2 자격증 보유
- SCAA 수석 강사

나는 커피 업계 전반에서 다양한 직종에 종사했다.

- 바리스타
- 바리스타 트레이너
- 제조 및 포장
- 생두 바이어
- 선임 교육자
- 생산 로스터
- 선임 로스터
- 커피 부서 책임자
- 독립 컨설턴트

나는 커피 업계의 전문가다.

- 2015년 현재 오리건 포틀랜드의 노사 파밀리아 커피 Nossa Familia Coffee의 커피 부서 책임자

- 최근 3년간 혼자서 7,500배치의 로스팅을 했다. 배치당 12분이 걸린다고 치면 1,500시간, 62.5일을 로스팅한 셈이다. (샘플 로스팅, 프로파일 개발, 그 외 심심풀이로 로스팅한 것은 뺀 수치)
- 2001년부터 커피에 관심을 가졌다.
- 2006년부터 커피 산업에 종사했다.
- 2009년부터 로스팅을 했다.

그러나 중요한 것은 이런 자격증이나 경력이 아니다. 커피의 향미 프로파일을 조절하기 위해 내가 개발한 기본적인 접근 방식을 적용했던 모든 사람들에게 긍정적인 피드백을 받았다는 사실이 중요하다. 전문 로스터인 친구와 동료들이 나를 신뢰하는 것을 보면 적어도 내가 자기애에 빠진 놈, 미친놈, 바보는 아닌 것 같다.

주의할 점

이 책에서 나는 로스팅 중 향미 프로파일에 변화를 가져오는 과학적 배경에 대해 설명했지만 이는 어디까지나 내 의견이다. 나는 과학자가 아니고 안타깝게도 집이나 회사 연구실에 가스 크로마토그래프 질량 분석계도 없다. 사실 내가 언급한 과학적 근거들은 많은 책을 읽고, 생각하고, 논리적 결론을 도출하는 과정을 통해 나온 것이다. (나름 그것이 합리적이고 논리적이라고 생각하지만) 나는 앞으로도 이런 항목을 테스트해 보고 그 과정에서 내 의견을 조정해 나가려고 한다.

    이 프로젝트는 2011년 말 포틀랜드로 오기 전에 시작했으며 현재도 진행 중이다.

    처음에는 순서대로 읽을 것을 권한다. 그래야 이 책의 내용을 이해하는 데 더 도움이 될 것이다.

시작하며

내가 커피에 관심을 갖게 된 이유 중 하나는 커피 프로파일에 존재하는 다양한 가능성과 미묘한 차이에 강한 매력을 느꼈기 때문이다. 나는 바리스타로 일할 때 추출 방식을 바꿔 가며 커피 향미를 조절하는 방법을 배웠다. 그 방법 중 많은 부분들은, 다양한 추출 변수가 음료 맛에 미치는 역할과 영향에 대해 서술한 방대한 인터넷 정보와 책을 통해 배울 수 있었다.

커피 로스터로 일하면서 완전히 새로운 세계가 열렸다. 로스팅에 빠져들면서 커피의 향미 프로파일을 더 높은 수준으로 제어할 수 있을 것이라 기대했지만, 얼마 지나지 않아 내가 일종의 진공 상태로 뛰어들었다는 것을 깨달았다. 미국 중서부의 초보 로스터인 내게 기존의 로스팅 커뮤니티는 접근하기 어려운 곳이었다. 그 사람들은 내가 찾던 정보(기본적으로 로스팅 프로파일을 변경해서 커피 맛을 바꾸는 방법)를 알고 있는 것 같았지만, 어떤 이유에서인지 나는 그 정보에 접근할 수 없었다. 그래서 나는 1kg 용량의 로스터를 구입해 직접 로스팅 프로파일을 변경하면서 향미 프로파일을 조절하는 방법을 알아내려고 해 봤다. 내가 구할 수 있는 모든 책, 웹사이트, 과학 문헌을 읽었고, 그때까지의 로스팅과 커핑 경험을 바탕으로 이론을 발전시켰다. 그리고 실험, 변수 제어, 관찰, 반복 같은 과학적 방법을 기본 수단으로 사용했다.

독서와 실험을 좋아하는 성향 덕에 나는 스페셜티 커피 산업 안에서 비교적 빠르게 성장할 수 있었다. 포틀랜드로 이사한 뒤에는 더 안정적으로 자리를 잡았다. 다양한 커피 단체(SCAA, RG 등)와 함께 일하고 컨설팅을 진행하면서 나는 로스팅 프로파일을 통해 향미를 조절하는 방법에 대한 정보가 사실상 전무하며 그 사람들이 패를 숨긴 것이 아니란 사실을 깨달았다. 이제껏 커피의 품질/특성이라는 궁극적 목표에 가장 적합한 정보를 제시한 사람은 아무도 없는 것 같았다. 나는 이 책을 통해 그 빈 자리를 채우고 싶다.

나는 현재 보유한 장비로 할 수 있는, 최대한 정확하고 객관적이며 분석적인 방법을 택했다. 독자들이 내 이론과 패러다임을 테스트하기 위해 내가 했던 실험을 재현할 수 있도록 했다. 나는 지난 3년 동안 이 접근 방식을 사용했으며, 로스터 제조사, 배치 크기, 원산지, 재배 고도가 다른 경우에도 이 접근법이 유효하다는 것을 확인했다. 이 방법이 나에게 도움이 되었던 것처럼 여러분에게도 도움이 되기를 바란다. 커피의 엄청난 복합성으로 인해 발생하는 미묘한 향미 차이와 그에 대한 토론은 결코 끝나지 않을 것이다. 그래서 나는 내 블로그에서 이 책에서 제시한 아이디어에 대해 지속적인 토론을 이어 나갈 예정이다. (http://www.hoos.coffee/blog) 이를 통해 로스터 커뮤니티가 우리의 열정과 전문성을 보다 성장시키는 데 도움이 되었으면 한다.

매니페스토

매니페스토 : 정부, 주권자, 조직이 의도, 의견, 목적, 동기에 대해 공표하는 것[•]

나는 '매니페스토'라는 단어의 정의를 좋아한다. 나는 언제나 직설적이고 솔직하려고 한다. 그래서 커피 로스팅에 대한 나의 믿음과 의견을 담은 이 글에 내가 알고 있는 모든 것을 풀어놓기로 결심했다. 이 책을 쓴 솔직한 이유는 아래와 같다.

1. 이 책은 내가 현재 커피 로스팅에 대해 어떻게 이해하고 접근하고 있는지, 특히 로스팅 중 커피 향미 발현(그리고 로스팅 프로파일의 변화가 커피 향미에 어떤 영향을 주는지)에 대한 정보를 문서화하여 명확하게 설명하기 위해 썼다.
2. 커피는 나의 열정이자, 취미, 직업이다. 한마디로 커피는 내가 엄청난 열정을 갖

• manifesto. Dictionary.com. Dictionary.com Unabridged. Random House, Inc. http://dictionary.reference.com/browse/manifesto(accessed: October 17, 2014)

고 깊이 관여하는 분야이기 때문에 이 모든 것을 글로 기록하려고 한다.
3. 나는 커피 로스팅과 향미 발현에 대한 나만의 접근법을 개발하기 위해 오랜 시간 노력했고 그럼으로써 커피 업계에 기여하고 싶다.
4. 마지막으로, 이 책을 읽고 나에게 컨설팅을 요청하면 좋겠다. 나는 아직 업계에서 그다지 유명한 사람이 아니며 이에 대해 불만은 없다. 하지만 내가 진짜 좋아하는 일을 하기 위해서는 세상에 나를 알려야 한다.

원래 계획은 흠잡을 데 없이 탄탄한 과학 논문을 발표하는 것이었다. 하지만 일과 가정 사이에서 집필에 많은 시간을 내기 힘들었다. 나는 최선을 다해 실험과 관찰을 했고 과학적인 방법을 통해 중요한 결론을 이끌어 냈다. 하지만 시간과 자원의 부족으로 결국 정식 논문으로 완성하지는 못했다. (다음에 과학 논문을 쓸 때는 훌륭한 설비를 갖춘 실험실을 사용할 수 있도록 누군가 도움을 주면 좋겠다.) 따라서 이 책은 나중에 출간할 더 방대하고 전문적이며 탄탄한 과학 논문의 서문으로 봐주었으면 한다. 또한 커피 향미 발현에 대한 나의 생각을 여러분의 일상에서 쉽게 활용하는 데 도움이 될 것이다.

이 책을 통해 내가 하고자 하는 일이 있다는 점에서 이 책은 선언문이다. 나는 커피 로스팅을 예술 행위로 생각하는 현실, 커피의 일관성에 대한 기대 결여, 커피의 향미 성분이 생성되는 과정을 흑마술처럼 취급하는 현재의 커피 업계에 도전하고 싶다. 또한 커피 로스팅, 향미 발현, 일관성에 대한 나의 관점을 제대로 제시하고 싶다. 글을 쓰는 행위는 내 머릿속으로 독자를 불러들이는 초청장인데 내용이 좀 뒤죽박죽인 점, 미리 양해를 구한다.

패러다임
전환

―――

커피 로스팅에 대한 나의 고유한 접근 방식을 정의하기 위해 먼저 철학 또는 패러다임을 설명하려 한다. 내 철학은 커피 로스팅이 하나의 통일된 이론으로 만들어질 수 있는, 정의 가능하고 이해 가능한 과정이라는 생각에서 출발한다. 그렇다고 커피 향미 발현에 영향을 미치는 모든 세부 요소들을 완벽하게 예측하고 이해할 수 있다는 뜻은 아니다. 나의 주장은 모든 커피에 공통적으로 적용되는 향미 발현 경향성이 있고 이러한 경향성을 이해하면 정보에 기반한 현명한 결정을 내릴 수 있다는 의미다. 이는 오리건주의 로스터이자 발명가이기도 한 마이클 시베츠$^{\text{Michael Sivetz}}$가 저서《Coffee Technology》에서 서술했던, "생두는 화학적, 물리적 속성이 다양하지만, 로스팅 과정에서 나타나는 화학적 물리적 변화는 크게 다르지 않다."•는 의견과 같다. 그래서 나는 로스팅 곡선을 적절하게 분석하고 그 구성 요소를 이해한 후 과학적 방법으로 로스팅

• Michael Sivetz, Coffee Technology(Westport, Connecticut, The AVI Publishing Company INC, 1979), 249

곡선을 조정해 원하는 향미 변화를 이끌어 내는 방법을 찾기 위해 오랫동안 노력했다.

로스팅 곡선에서, 특히 향미 발현에 중요한 부분은 엄청나게 많다. 예를 들어 아래와 같은 것들이다.

- 로스팅하기 전 고려할 것(대기 온도, 습도 등)
- 로스팅 시작부터 화학반응(색상 변화, 마이야르 반응)이 시작되는 시간과 온도
- 1차 크랙이 시작되기까지 마이야르 반응의 진행 시간
- 1차 크랙에서부터 로스팅이 끝날 때까지의 시간
- 당 캐러멜화 정도(배출 온도, 애그트론 색도값 또는 기타 색도 측정값)
- 커피 향미 발현에서 열역학적 압력의 역할

다른 중요한 사항도 있지만, 로스팅 중 향미 발현에 특별하게 기여하지는 않는다. (프로파일을 만드는 데 도움을 주기는 한다.) 이런 사항들을 이 책에서 다루지는 않겠지만 실제 로스팅에서 중요하다. 이에 대해서는 개별적으로 컨설팅이나 SCAA 로스팅 교육과정 수강을 통해 배울 수 있다.

이 책에서는 로스팅 프로파일을 세분화한 후 각각의 부분이 갖는 의미를 설명하려고 한다. 세분화 기준은 로스팅 중 향미 기여도가 아니라, 로스팅 곡선에서 진행되는 순서라는 점을 유의하기 바란다.

생두 선택의 중요성

"커피콩 안에는 본연의 향미가 잠재되어 있다. 로스팅은 이미 존재하는 것만 끌어낼 수 있다. 오크 나무가 낼 수 있는 향은 오크 향이고 히코리 나무가 낼 수 있는 향은 히코리뿐이다."•

생두에 대한 설명은 이 책의 요지에서 좀 벗어나는 주제이므로 길게 언급하지 않겠지만, 훌륭한 생두를 구하는 것은 중요한 일이다. 특히 회사의 목표와 로스팅 프로그램에 적합한 생두를 구하는 것은 정말 중요하다. 커피 로스팅에 관해, 그리고 로스팅 프로파일을 조절해서 커피의 향미 프로파일을 의도적으로 조정하는 과정에 대해 내가 확실하게 배운 것이 있다면, 그것은 존재하지 않는 것은 만들어 낼 수 없다는 것이다. 시베츠가 위 인용문에서 명백하게 밝혔지만, 하나 더 비유를 들겠다. 커피를 하나의 색이라고 봤을 때, 로스팅을 조절하는 것만으로도 커피에 많은 변화를 일으킬 수 있

• Michael Sivetz, Coffee Technology, 257

다. 파란색을 청록색이나 남색, 심지어 보라색으로 바꿀 수 있다. 하지만 결코 오렌지색으로는 만들 수 없다. 마찬가지로 우리는 로스팅을 통해 커피가 가진 잠재력보다 더 좋은 것 또는 완전히 다른 것을 만들지는 못한다. 하지만 잠재력보다 떨어지는 수준으로 로스팅할 가능성은 있다. 오렌지색을 원한다면 빨갛거나 노란 커피 혹은 오렌지색 커피를 구했어야 한다. 원하는 것을 구하고, 공급망의 모든 사람(지구를 포함해서)을 존중하는 태도를 가져야 한다.

투입:
화학반응의
시작

로스터가 로스팅을 시작할 때 가장 먼저 고려해야 하는 것은 투입 온도와 배치의 무게다. 투입 온도는 드럼의 초기 열수치인데, 로스터의 배기 온도계 수치로 읽는다. 이는 로스터 전체의 정확한 온도가 아니고, 공기가 로스팅 드럼을 통과한 후의 대략적인 공기 온도를 의미한다. (이상적으로는, 공기가 로스팅 드럼의 금속 부분에 열을 축적한 후, 또는 금속 부분에 의해 가열된 후의 공기 수치를 말한다.) 투입 온도는 다음과 같은 이유로 로스팅을 할 때마다 수정할 필요가 있다. 배치 무게, 당일 배치 수, 로스터에 남아 있는 잔열, 로스팅 중 적용할 열량 등이다.

일반적으로, 투입 용량이 적으면 투입 온도는 낮아야 하고 용량이 크면 투입 온도도 높아야 한다. 대개 당일 작업 배치 수가 많았다면 (열 보유량 때문에) 투입 온도는 낮아야 한다. 특히 다크하게 로스팅한 직후라면 로스터의 열 보유량이 높기 때문에 다음 배치는 투입 온도를 더 낮게 잡아야 할 수도 있다. 로스팅하려는 커피의 로스팅 프로파일에 따라(특히 로스터의 출력과 비교해) 필요한 만큼 온도 상승률을 달성하기 위해 투입 온도를 높이거나 낮춰야 한다. (또는 투입 용량을 약간 수정해야 할 수도 있다.) 핵심은 투입 온도와 투입 용량이 로스팅 환경의 초기 열 모멘텀을 설정하는 데 도움이 된다는 점이다.

또 다른 중요 지표는 터닝 포인트다. 터닝 포인트는 정밀한 측정값은 아니지만 로스터에게 로스팅 초반 열 전달률이 어떻게 되는지 알려주는 중요한 데이터다. 로스팅 프로파일에서 터닝 포인트는 커피콩 온도계의 온도 상승률이 처음 1분 정도 (온도계 유형이나 굵기, 위치에 따라 다르다.) 급격히 떨어지다가 0(더 이상 떨어지지 않는)을 이루는 지점이다. 로스팅 초기에 커피콩 온도계는 대개 드럼 내부의 공기 온도 정도로 가열된다. 그리고 실온의 커피콩을 로스터에 넣으면 (투입) 커피콩 온도계 수치는 급격히 떨어진다. 동시에 (이를 볼 수는 없지만) 커피콩의 실제 온도는 급격히 상승해, 떨어지고 있는 온도계 온도와 맞춰진다. 터닝 포인트는 상승하는 커피콩의 온도와 내려가고 있는 온도계의 온도가 만나는 지점이자 시점을 말한다. 이후, 두 온도는 함께 상승한다. (터닝 포인트는 턴 어라운드, 평형, 델타 포인트라고 부르기도 한다.) 터닝 포인트로 커피콩 온도계로부터 진정한 온도 상승률(ROR$^{\text{Rate of Rise}}$)을 구하기 훨씬 전에 현재 로스팅의 모멘텀을 이해할 수 있다. 터닝 포인트가 계획보다 일찍 오면 열 모멘텀이 예상보다 큰 것이므로 열을 덜 공급해야 한다. 온도계 수치가 비정상적으로 높은 경우에도 마찬가지다. 터닝 포인트가 원래 나타나야 할 시점보다 훨씬 늦어지면, 열 모멘텀이 부족한 것일 수 있으므로 평소보다 열을 좀 더 많이 공급해야 한다. 마찬가지로, 터닝 포인트 온도가 보통 때보다 낮다면, 원하는 프로파일에 맞추기 위해 열을 더 공급해야 할 것이다.

로스팅에서 투입 용량/온도와 터닝 포인트 시점/온도는 향미 발현에 직접적인 영향을 주지 않지만 이후 로스팅 과정에 상당한 영향을 미친다. 로스팅 프로파일에 맞춘다거나 향미 발현을 위해 이런 요소를 완전히 일정하게 유지할 필요는 없다. 오히려 기술과 경험이 있는 로스터는 로스팅 초반 가열 정도를 유지하기 위해 이런 요소를 조절한다.

로스터에 커피콩을 투입한 뒤, 온도계의 온도는 급격히 떨어지다가 꾸준히 상승

중인 커피콩의 온도에 맞춰지면서 ROR은 0이 된다. 이후 커피콩에서 자유수가 날아가기 시작하면서 커피콩 더미(와 공기)의 평균 표면 온도와 함께 온도가 바로 상승하기 시작한다. 아직 더 나은 용어를 찾지 못한 관계로 나는 이 단계를 "건조 단계"라고 부른다. 이 단계에서는 실제 중요한 화학반응이 일어나지는 않고, 수증기가 날아가고 압력이 형성되기 시작하며 배치에 열 모멘텀이 모인다. 커피콩의 수분이 충분히 제거되면, 화학반응이 시작되고 이제 커피 표면 색상이 (특히 연녹색/백색에서 노란색으로) 변한다. 이 색상 변화는 가장 중요한 첫 번째 측정 포인트 중 하나다. 여러분의 로스터에서 커피콩이 노란색이 되는 온도를 기록하고, 온도계의 측정값을 위한 기준으로 삼자. 화학반응이 시작되는 시간과 온도를 기록하는 것은 발현 과정을 이해하기 위해서도 중요하고 나중에 로스팅을 재현하는 데에도 도움이 된다.

로스팅 중 해당 부분에 대한 짧은 참조:

- 더 나은 용어를 찾지는 못했지만, "건조 단계"는 커피를 투입한 시점에서 시작해서 화학반응이 일어나기 시작하는 지점인 임계점에서 끝난다. 바로 색상이 노란색으로 변하고 건초 같은 향이 나기 시작하는 시점이다. 이는 마이야르 반응 Maillard reaction 의 시작과 함께 다음 중요 단계의 측정값을 알리는 신호다.
- 로스팅 커브에서 투입부터 건조를 거쳐 노란색으로 변화하는 시작점까지의 시간을 다른 배치와 일치시킬 수 있으면, 화학반응이 일어나는 단계에 일관된 열에너지를 공급하는 데 도움이 되고 로스팅 작업이 훨씬 수월해진다.
- 경험을 통해 이 커피를 해당 지점까지 "건조"(즉, 자유수 제거)하면 로스팅 결점두가 발생하지 않는다는 것(로스팅 결점두 없이 적절한 건조가 가능한 특정 시간)을 알고 있다면, 스코칭 scorching 이나 티핑 tipping 같은 부정적 향미를 가진 결점두 발생을 방지할 수 있을 것이다.
    — 티핑은 열을 지나치게 빠르게 공급했을 때, 스코칭은 투입 중 드럼 표면 온도가 너무 높을 때 발생한다. 이로 인해 구운 맛, 거칠고 탄 맛이 날 수 있다.

- 페이싱facing이라는 결점두는 색 변화가 이미 일어난 커피에 일어난 스코칭을 말한다. 드럼 회전 속도(원심력), 드럼 투입량이 과도한 경우, 전도열 비중이 너무 큰 경우에 발생할 수 있다. 페이싱에서는 탄 맛이나 숯 같은 느낌이 난다.
- 투입부터 화학반응이 일어나는 시점까지의 시간이 너무 짧으면, 스코칭이나 티핑 등 로스팅 결점두 발현 가능성이 커진다.
  - 더구나 이 구간의 시간이 짧아지면 수분 방출이 고르게 이루어지지 않아 커피 향미 발현이 불균일해질 가능성이 있다.
  - 이 구간의 시간을 너무 짧게 잡으면, 드럼에 과도한 에너지가 들어가면서 로스팅 커브의 향후 목표 시간과 온도를 충족시킬 수 없는 '폭주' 커브가 발생할 수 있다.
- 반대로 투입부터 화학반응 시작점까지의 시간이 너무 길면 화학반응이 일어나는 동안의 커피콩 내부 압력이 부족할 수 있고, 이로 인해 커피콩 향미 발현이 부족flat해질 수 있다.
- 건조 시간이 너무 길면 로스터의 열 모멘텀이 부족해지면서 계획했던 로스팅 커브와 제대로 일치시키지 못할 수 있다.
- 건조 시간 중에는 주의를 기울여야 한다. 로스팅 결점두(티핑, 스코칭)로 인한 특정 향미 결점을 피해야 할 뿐만 아니라 곧 이어질 로스팅 후반부의 성공을 위한 준비가 필요하다.

로스팅 곡선상에서 이 첫 번째 지표(화학반응의 시작)는 긍정적인 향미 발현을 이끄는 직접적인 제어 지점은 아니다. 다만 부정적인 향미에 영향을 주는 요소를 피하는 데 도움이 되는 제어 지점이긴 하다. 그리고 이 지표는 로스터에서 이후 열 모멘텀을 확립하는 데 도움이 된다. 이 구간에서 나타나는 로스팅 곡선의 변화는 다른 특정 향미 성분의 발현에 간접적으로 영향을 미친다. 로스팅의 "건조 단계"에서 이상적인 결과를 얻으려면 최적 투입 온도, 터닝 포인트, 전체적인 열 공급량에 대해 어느 정도의 시행착오(또는 전문가의 조언)를 통해 자신의 로스터를 잘 이해하는 것이 무엇보다도 중요하다. 각각 고유한 상황에 따른 변수가 너무 많아서 이 책에서 모두 다루기에는 한계가 있다.

마이야르
반응

———

"Hoge(1953, 1967)는 마이야르 반응에 대한 주목할 만한 체계를 제시했고, 이 비효소적 갈변 반응에 대한 명확한 정보를 제공했다. Nursten(1981)은 마이야르 반응 생산물의 분류 체계를 제안했다: (i)단순당의 탈수/분해 생성물(퓨란, 피론, 시클로펜텐, 카보닐 화합물, 산) (ii)단순 아미노산 분해 생성물(알데히드, 황 화합물) (iii)추가 상호 작용으로 생성된 휘발성 물질(피롤, 피리딘, 이미다졸, 피라진, 옥사졸, 티아졸, 알돌 응축으로 인한 화합물)"•

마이야르 반응은 커피 로스팅 중 일어나는 화학적으로 가장 복잡한 반응 중 하나다. 마이야르 반응은 커피 속 휘발성 방향족 화합물 수를 생두 단계 대비 두 배 이상 증가시킬 뿐만 아니라 여러 가지 중요한 중간 및 최종 생성물을 만들어 낸다. 이 화학반응은 로스팅 초기에 아미노산이 환원당에 대해 촉매로 작용해 복잡한 비효소적 당 갈변화 과정을 일으키며 시작된다. Andrea Illy and Rinantonio Viani는 "매우 중요한 마이

• Ivon Flament, Coffee Flavor Chemistry(West Sussex, England: John Wiley & Sons, LTD, 2002), 39

야르 반응으로 물과 이산화탄소가 발생하고, 이는 착색 물질인 멜라노이딘 및 유기 휘발성 물질의 주요 부분으로 이어진다고 설명한다."* 이렇게 계속해서 변화와 반응을 되풀이하면서 다양한 화합물뿐만 아니라 수많은 중간 생성물을 만든다. 이 책에서는 생두의 색이 노란색으로 변하기 시작하는 시점을 마이야르 반응이 시작하는 표지로 간주하려 한다. 이 화학반응은 반응할 화합물이 다 떨어지거나 커피를 냉각조로 배출해서 로스팅이 끝날 때까지 계속된다. (커피가 충분히 식을 때까지 이 반응은 계속된다. 효과적인 냉각조를 갖추는 것이 매우 중요한 이유 중 하나다.)

마이야르 반응은 로스팅이 끝날 때까지 계속되지만, 우리는 다른 로스팅 단계도 고려해야 하기 때문에 내내 이 반응에만 집중하는 것은 그리 생산적이지 않다. 그러므로 색상 변화가 시작하는 시점부터 1차 크랙까지만 측정하려 한다. 이 단계에서 생성되는 휘발성 방향족 화합물은 방대한데, 나는 그중에서도 가장 중요한 화합물은 멜라노이딘이라고 생각한다. "멜라노이딘의 향미 결합, 색상, 질감, 항산화 특성, 그리고 멜라노이딘의 생리적 효과와 경로의 탐구(Cost, 2002)"** 에 대한 연구가 진행되었다. 멜라노이딘의 가장 큰 역할은 향미와 질감(바디를 떠올리자.)과 연관되어 있다. 마이야르 반응이 진행되면서 점점 더 많은 멜라노이딘이 생성되고, 이는 커피의 복합성과 바디감에 영향을 미친다. (멜라노이딘은 고분자 물질이기 때문에 점성이 높아져 더 두툼한 마우스필로 느껴진다.) 이 단계의 로스팅 시간을 늘리면 복합성과 바디감을 증가시킬 수 있고 우리가 향미를 인지하는 방식도 조절할 수 있다. 마이야르 반응이 일어나는 시간을 단축시키면, 바디감은 줄이고 커피의 선명함은 향상시킬 수 있다.

로스팅 중 마이야르 반응 구간(이후 'MAI'로 표기)에 관한 요약

- 마이야르 반응 측정은 위에서 언급한 첫 색상 변화 시점에서 시작한다.

- Andrea Illy and Rinantonio Viani, Ed., Espresso Coffee: The Science of Quality Second Edition (San Diego, California: Elsevier Academic Press, 2013), 192
- Illy and Viani Espresso Coffee: The Science of Quality Second Edition, 204

- 이 측정은 로스터 속 커피 더미가 1차 크랙(당의 캐러멜화되는 것을 청각으로 확인)에 들어가면 끝낸다.
- 마이야르 반응이 지속된 시간이 중요하다. 마이야르 반응은 로스팅이 끝날 때까지 또는 더 이상 반응하는 물질이 없을 때까지 계속되기 때문이다.
- 마이야르 반응은 아미노산이 환원당에 촉매로 작용함으로써 일어나고, 이 화학반응은 계속 중간 생성물을 만들고 이 중간 생성물은 다시 반응해 또 다른 중간 생성물을 만든다.
  — 이 화학반응은 로스팅이 끝난 원두가 포함하고 있는 600여 종의 휘발성 유기 화합물을 생성하는 데 기여했을 가능성이 높다.
  — 그리고 이 반응은 지속적으로 멜라노이딘을 생성한다. 이 고분자량 갈변 생성물은 향미, 바디/질감, 색상, 향미 결합 및 복합성에 영향을 미친다. 특히 우리 실험에서 멜라노이딘은 커피의 바디감에 큰 영향을 미쳤다.
- 마이야르 반응 지속 시간을 늘리면 당 갈변화 느낌이 있는 복합성과 무게감/질감/마우스필이 증가한다.
  — 예: 갈색설탕 느낌은 메이플 시럽으로, 꿀/바닐라는 당밀 느낌으로 변한다.
- 커피마다 특성은 다르지만(예: 꿀이나 바닐라 맛이 전혀 나지 않는 커피도 있다.) 이런 향미 조절은 모든 커피에 적용된다.
- 로스팅 곡선에서 이 부분을 조절하는 방법을 고려할 때는 음료의 맛을 음미한 다음, 인간의 미각 경험에 대해 생각해야 한다. 묵직한 마우스필이 이 커피에서 어떻게 나타날지, 만들고자 하는 목표에 얼마나 더 큰 복합성을 추가하거나 뺄 수 있을지 생각해 보자. 또한 보다 묵직한 마우스필(점성)과 증대된 복합성이 음료의 선명함에 미치는 영향에 대해서도 생각해 보자.

내가 어떻게 이런 결론에 도달했는지를 자세히 설명하고, 독자들의 이해를 돕기 위해 다양한 실험군에 대한 나의 커핑 점수를 공유하려고 한다. 이 실험에서는 브라질 마이

브라질 마이크로 로트	바디 점수	기준 대비 시간	커핑 노트
기준	8 | 3	0:00	꿀 느낌의 정향, 생강, 시나몬, 체리 과육
빠른 MAI	7.5 | 2	−0:10	체리, 향신료 씨앗, 파이 체리, 통밀graham 크래커, 꽃, 초콜릿, 메를로 포도 느낌이 약간 있음, 갈색설탕, 바디감이 특히 가볍다.
느린 MAI	8.5 | 3	+0:39	자두, 씨앗 느낌, 달콤함, 풀 종류의 향신료, 초콜릿 음료, 다크 체리, 꽃 느낌과 향기로움, 메를로 포도의 무거운 바디감

크로 로트, 멕시코 유기농, 과테말라 SHG, 에티오피아 코체레 커피를 비교했다. 이 모든 커핑은 오리건주 포틀랜드에 있는 노사 파밀리아 커피의 커핑 랩에서 블라인드로 진행했다. 이 실험을 위해 나는 건조 시간, 발현 시간, 최종 온도를 최대한 일정하게 했다. (편차 10초 미만 목표) 조절한 것은 오직 마이야르 반응 시작에서 1차 크랙까지의 시간(MAI)이다. 바디 항목에서 왼쪽 점수는 품질(6~10), 오른쪽 점수는 강도(1~5)다.

브라질 마이크로 로트를 이용한 실험(첫 번째)에서는 색 변화에서부터 1차 크랙 시작까지의 시간만 다르게 하고 모든 것을 일정하게 유지하려고 노력했다. 거의 완벽하게 성공했지만 정해진 조건을 벗어난 사례가 한 번 있었다. 하지만 이 또한 여기서 의도한 요점을 강조하는 데 도움이 되었다. 기준점을 0:00으로 잡았을 때, 마이야르 반응이 빠른 것은 10초 빨랐고, 마이야르 반응이 느린 것은 39초가 더 길었다. (정해진 조건에서 벗어난 프로파일은 발현 시간이 35초 더 길었다.) 기준 로스팅은 다음과 같은 결과가 나왔다: 좋은 바디(SCAA양식 품질 점수로 8점), 바디 강도 3점. 이 커피에 대한 향미 기술 용어는 초콜릿, 꿀, 정향, 차 느낌, 체리 과육과 시나몬, 좋은 균형감이 있다. 마이야르 반응이 빨랐던 것은 바디 점수가 7.5점에 강도는 2점이었다. 이 커피의 향미 기술은 체리, 부드러운 꽃 향, 씨앗 느낌, 통밀 크래커, 매우 가벼운 바디다. 한편 마이야르 반응이 길었던 커피는 바디 점수 8.5점, 강도는 3점이었다. 향미 기술은 자두, 풀 종류

멕시코 유기농	바디 점수	기준 대비 시간	커핑 노트
기준	7.5 | 3.5	0:00	달콤함, 캐러멜, 풍부한 레드 베리류, 꽃, 통밀 크래커, 붉은 사과
빠른 MAI	7.5 | 4.5	−0:08	달콤한 견과류, 향수 느낌, 꽃 향신료, 당밀, 초콜릿, 청포도-사과
느린 MAI	8 | 5	+0:26	달콤함, 초콜릿, 갈색설탕, 과일, 애프터테이스트에서 느껴지는 따뜻한 느낌의 향신료

의 향신료, 초콜릿 음료, 다크 체리, 무거운 바디였다. 마지막으로, "기준 조건을 벗어난" 로스팅은 바디 점수 7.5점에 강도는 4점이었다. 기술 용어는 초콜릿, 꿀, 자두 캔디였다. 바디감은 무거웠다. 이 커피는 마이야르 반응 지속 시간이 길어짐에 따라 바디감이 무거워지는 경향(그리고 이 경우는 강도보다 품질 분석이 더 만족스러웠다.)이 분명해 보인다. 또한, 향미 기술은 "더 무겁고" 더 복합적인 향미로 바뀌고 있다.

멕시코 유기농 커피는 품종, 고도, 가공 방식, 미시 기후가 달랐지만 고무적이게도 결과는 비슷했다. 기준점은 동일하게 0:00으로 나타냈다. 이번에는 마이야르 반응이 빠른 쪽은 8초가 더 빨랐고, 길었던 쪽은 26초 늦었다. 기준 로스팅 커피의 점수는 다음과 같다. 바디 점수 7.5점, 강도 3.5점. 향미 기술은 달콤한 캐러멜, 풍부한 레드 베리, 꽃, 통밀 크래커, 붉은 사과 느낌이다. 반응이 빠른 쪽은 바디 점수 7.5점에 강도 4.5점이었다. 이는 제시했던 효과와 불일치하지만 나머지 자료로 봤을 때 채점에 문제가 있어 보인다.(나도 사람이니까) 또한 편차는 10초 미만이었는데, 이것은 내가 일관성 기준을 10초로 설정했던 이유 중 하나다. (나 같은 경우 차이가 10초 안쪽이면 맛에서 차이를 감지하지 못한다. 그래서 나는 생산용 로스팅시 편차가 목표에서 10초 이내로 들어오는지만 따졌다.) 이 커피의 향미 기술은 달콤한 견과류, 향수, 꽃, 향신료, 청포도, 사과다. 마이야르 반응이 길었던 쪽은 바디 점수 8점, 강도는 5점이었다. 이 커피의 커핑 노트는 달콤한 초콜릿, 갈색설탕, 과일이다. 1차 크랙 전의 마이야르 반응을 길게 할수록 바디감이 더 무거워지는 쪽으로 강도가 변할 뿐만 아니라 향미 기술도 더 무겁고 복합적인 향미로 바뀌는 것을 재확인할 수 있다.

세 번째(및 네 번째) 실험은 과테말라 SHG 커피를 사용했다. 이 커피를 사용한 첫 번째 테스트를 살펴본 뒤 다음 테스트로 넘어가도록 하겠다. 첫 번째 테스트에서 기준은 0:00이고, 빠른 반응은 29초 빨랐고, 긴 반응은 23초 길다. 나는 이 커피를 일곱 번 커핑했고, 평균 점수를 매겼다. 기준 커피의 점수는 바디 7.75점에 강도 2.75였다. 이 커피의 커핑 노트는 달콤함, 시트러스, 복숭아, 꽃, 바닐라, 백차, 원당, 제빵용 향신료였다. 빠른 마이야르 쪽은 바디 점수 7에 강도 2.5였다. 커핑 노트는 둔함, 단맛, 단조로운, 꽃, 복숭아 같은, 향신료, 씨앗, 캐러멜이었다. 긴 마이야르 쪽은 바디 점수 7.625, 강도는 3.5였다. 커핑 노트는 꽃, 바닐라, 구운 복숭아, 제빵용 향신료, 시나몬, 꿀, 초콜릿, 타바코, 복숭아 파이, 뱅쇼 향신료, 고수 씨앗이었다. 이 예시에서도 바디의 강도가 증가하고 바디 점수가 변화하며, 커핑 노트가 단조로운 느낌에서 복합적인 느낌으로, 가벼운 쪽에서 무거운 쪽으로 변하는 경향을 확인할 수 있다.

과테말라 SHG로 진행한 두 번째 테스트 결과는 다음과 같다. 기준은 0:00, 빠른 쪽은 3초 짧았고 긴 쪽은 41초 늦었다. 기준 점수는 바디 점수 8.5에 강도 3.5였다. 커핑 노트는 복숭아 파이, 차 같은 꽃, 당밀, 꿀, 캐러멜, 꽃 느낌이 나왔다. 빠른 마이야르 반응 쪽은 바디 8점, 강도 4점이었다. 멕시코 커피를 사용한 실험에서와 같이, 요구 조건을 벗어나는 수치가 나왔지만 차이가 미미하고, 발현 시간이 약간 더 길었기 때문에 설명 가능하다. 커핑 노트는 통조림 복숭아, 체리 느낌 살짝, 꽃, 시나몬, 정향, 초콜릿, 당밀이었다. 느린 마이야르 반응 쪽은 바디 8점에 강도 2.5였다. 이것은 진정한 의미에서 예외적인 수치다. 이 수치에 대해서 이론을 근거로 설명할 수 있지만, 그냥 내 커핑에 문제가 있었다고 인정하는 것이 나을 것 같다. 나는 이런 예외적인 수치에도 불구하고 여전히 앞서 언급한 경향성을 전적으로 믿고 있으며 지금도 활용하는 중이라는 사실을 독자들에게 알리고 싶다. 이 로스팅의 커핑 노트는 과일, 잘 익은 복숭아, 차,

과테말라 SHG A	바디 점수	기준 대비 시간	커핑 노트
기준	7.75	2.75	0:00	달콤함, 시트러스, 복숭아 과육, 바닐라, 백차, 꽃, 라임, 당밀
빠른 MAI	7	2.5	−0:29	달콤한 견과류, 향수 느낌의 꽃, 향신료, 당밀, 초콜릿, 청포도-사과
느린 MAI	7.625	3.5	+0:23	과일, 꽃, 바닐라, 복숭아, 제빵용 향신료, 바닐라, 시나몬, 꿀, 초콜릿, 타바코, 무거운, 어두운 복숭아 느낌, 뱅쇼 향신료, 당밀, 구운 복숭아

과테말라 SHG B	바디 점수	기준 대비 시간	커핑 노트
기준	8.5	3.5	0:00	복숭아 파이, 차 같은 꽃 느낌, 파이 향신료, 당밀과 꿀(캐러멜 느낌이 약간 있음)
빠른 MAI	8	4	−0:03	통조림 복숭아, 체리, 꽃 느낌, 시나몬, 정향, 풀 종류의 향신료, 캐러멜 초콜릿, 시럽
느린 MAI	8	2.5	+0:41	잘 익은 복숭아, 차, 중후한 꽃, 씨앗 같은 느낌과 차, 꿀 같은 단맛, 매우 시럽 같음

중후한 꽃, 꿀과 통밀 크래커, 시럽이다. 커핑 점수는 테스트마다 차이가 있지만 커핑 노트는 비슷한 경향을 갖고 있다.

 마지막으로 에티오피아 코체레로 실험했다. 이 실험은 커피에서 색 변화가 시작되는 부분부터 1차 크랙 시작까지의 마이야르 반응에서 일어나는 발현을 특히 풍부하게 확인할 수 있다. 이유는 전용 실험 데이터 외에도 마이야르 반응 길이에 약간의 차이가 있는 여러 생산용 로스팅 데이터가 있기 때문이다. 이제 이 실험에서 시작해서 다른 데이터 세트에 대해 논의해 보려 한다. 기준은 0:00이고, 빠른 발현은 11초가 짧고 느린 쪽은 54초가 길다. 기준 점수는 바디 7.5점(두 번째 커핑에서 7.5점)이고 강도는 2

최적의 향미 프로파일

코체레 에티오피아	바디 점수	기준 대비 시간	커핑 노트
기준	7.5 ǀ 2	0:00	꽃, 백차, 꿀, 시트러스, 레몬, 베리, 바닐라, 버터스카치, 베르가못
빠른 MAI	8 ǀ 3.5	−0:11	레몬, 꽃, 바닐라, 씨앗 느낌, 시나몬, 오렌지, 오렌지 껍질, 꽃, 베르가못
느린 MAI	8 ǀ 3	+0:54	초콜릿, 꽃, 견과류, 시트러스 꽃, 맥아, 스위트 레몬 머랭, 베리류, 레몬 바, 캐러멜, 바닐라

코체레 에티오피아(2)	바디 점수	기준 대비 시간	커핑 노트
기준	7.5 ǀ 4.5	0:00	꽃, 백차, 꿀, 시트러스, 레몬, 베리, 바닐라, 버터스카치, 베르가못
빠른 MAI	7.5 ǀ 2	−0:11	레몬, 꽃, 바닐라, 씨앗 느낌, 시나몬, 오렌지, 오렌지 껍질, 꽃, 베르가못
느린 MAI	7.5 ǀ 3	+0:54	초콜릿, 꽃, 견과류, 시트러스 꽃, 맥아, 스윗 레몬 머랭, 베리류, 레몬 바, 캐러멜, 바닐라

점(두 번째 커핑에서 4.5점)이다.

이 로스팅에 대한 커핑 노트는 꽃, 백차, 꿀, 시트러스, 레몬, 바닐라, 버터스카치, 베르가못이었다. 반응 시간이 빠른 쪽은 바디 8점(2차 7.5점)에 강도 3.5점(2차 2점)이었다. 커핑 노트는 레몬, 꽃, 바닐라, 씨앗, 제빵용 향신료, 오렌지 껍질이었다. 마지막으로, 마이야르 반응 발현 시간을 길게 가져간 쪽은 바디 8점(7.5점)에 강도 3점(3점)이었다. 이 커피의 커핑 노트는 초콜릿, 꽃, 견과류, 시트러스 꽃, 맥아, 달콤한 레몬, 레몬 머랭, 캐러멜, 바닐라였다. 다른 커피에서처럼 점수 내 경향성뿐만 아니라 복합성, 향미의 무게감에서 뚜렷한 변화를 확인할 수 있다.

특히 코체레를 더 자세하게 살펴보자. 나는 생산용 로스팅에서 의도적으로 여러 차례 시간을 다르게 하여 향미 프로파일을 기록해 두었다. 이를 SCAA 방식의 해석이 아니라 향미 조율을 반영하는 커핑 노트와 맞춰 보면 명확한 이미지가 나타나기 시작한다. 기준 대비 마이야르 반응 시간에 따른 향미 프로파일 리스트를 보면, 향미 기술 관련한 경향이 뚜렷하게 보인다. 향미는 구조감이 떨어지는 것에서 점차 복합적인 쪽으로 변화하고, 무게/바디는 가벼운 쪽에서 무거운 쪽으로 이동한다.

39페이지 도표는 커피 로스팅에서 마이야르 반응의 역할을 보여준다. 마이야르

기준 대비 시간	향미 프로파일
−1:12	사탕수수 설탕, 꿀, 바닐라
−1:05	꿀 느낌
−0:59	달콤한 꿀, 바닐라
−0:51	캐러멜, 당밀, 풍부한 바닐라, 버터 느낌
−0:49	야생 꿀, 바닐라, 시럽 느낌
−0:44	사탕수수 설탕, 꿀, 바닐라
−0:40	카카오닙스, 꿀, 야생 꿀
−0:36	사탕수수 설탕, 아가베 즙, 버터 느낌, 바닐라 빈
−0:25	캐러멜, 바닐라 빈
−0:16	시나몬, 버터, 바닐라, 제빵용 향신료
0:00	꿀 느낌, 바닐라, 버터스카치
+0:48	초콜릿
+0:53	초콜릿, 맥아, 캐러멜, 바닐라 빈

반응은 화학 성분의 복합성과 바디감을 증대시켜 커피 음료의 향미를 적절하게 조절해준다. 즉, 마이야르 반응으로 멜라노이딘이 형성되는 시간을 조율하면, 차 느낌이 나는 구조를 만들거나, 캐러멜 같은 마우스필을 주거나, 무겁고 버터 같은 바디감을 가진 커피를 의도적으로 만들 수 있다.

그렇지만 만병통치약은 없다. 각 커피는 화학 성분에 조금씩 차이가 있기 때문에 커피 향미와 향미를 낼 수 있는 잠재력이 다르다. 하지만 내가 제안한 방식을 적용하면 분명 경향성을 발견할 수 있을 것이다. 로스터는 커피를 어떻게 표현할지(어떤 부분을 강조하고 어떤 부분을 줄일지)에 대해 상당한 권한을 갖고 있지만 그 범위는 매우 제한적이다. 특정 향미 프로파일에 도달하기 위해서는 부지런하게 생두 조달 전략을 세우고 신중한 로스팅 전략을 사용해 잠재력을 끌어내야 한다.

로링 케스트렐 로스터 앞에서 노사 파밀리아 운영자와 함께.

노사 파밀리아에서 주문한 브라질 커피 컨테이너를 하역 중이다.

2015년 과테말라 여행 중. 산 미겔의 띠모떼오 농장의 부르봉 종 열매.

노사 파밀리아 랩에서 커핑

2015년 과테말라 산지 여행 중 커핑

핀카 산 헤로니모에서 1차 커핑을 마친 뒤

샘플러 사진: LUCAS CHEMOTTI

나의 사랑스러운 로링

로링 케스트렐의 냉각조 사진: LUCAS CHEMOTTI

펄퍼에서 나온 커피와 물이 건조장으로 이동하는 모습. 사진: AUGUSTO

브라질에서 커피 열매(카나리오 품종) 수확 중.

2012년 초, 노사 파밀리아에서 로스팅하는 중.

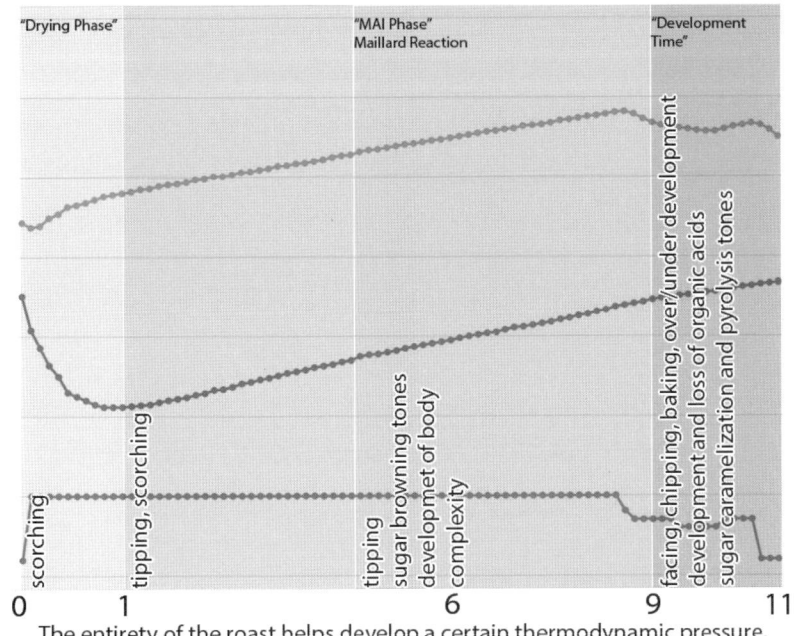

로스팅 중 향미 변화와 결점 발생

The entirety of the roast helps develop a certain thermodynamic pressure.

브라질 커피 생두 사진: LUCAS CHEMOTTI

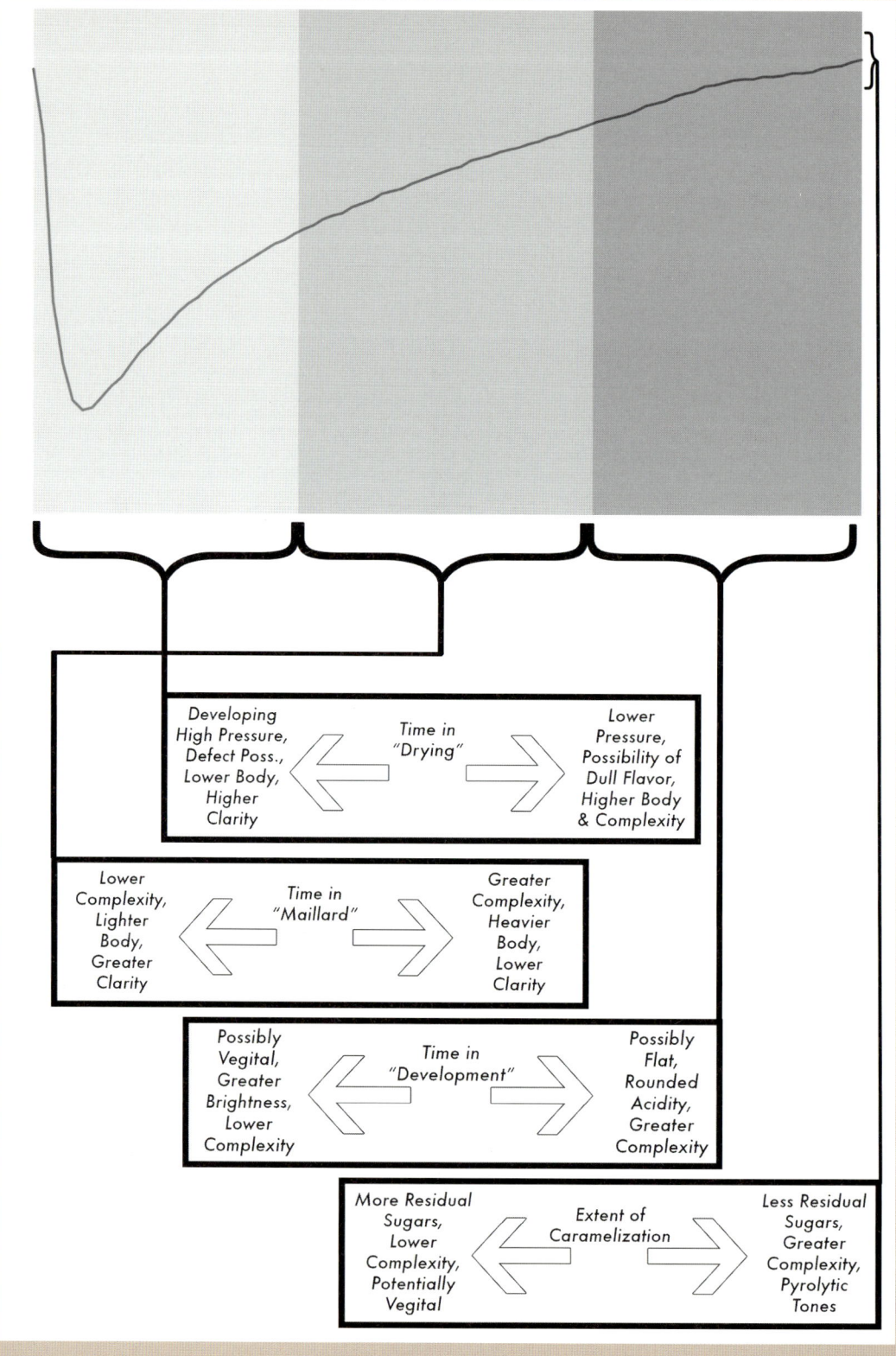

발현 시간

이번 단계는 대부분의 커피 로스터에게 조금 더 익숙할 것이다. 앞에서 설명한 로스팅 단계와 달리 이 단계는 공용 명칭과 정해진 시작점이 있다. 바로 발현 시간Development time이다. 발현 시간은 1차 크랙 시작과 함께 시작해서 원두가 배출(커피가 로스팅 공간을 빠져나와 냉각조로 들어가는)되기까지의 시간을 측정한 것이다. 발현 시간에 대한 여러 견해가 있지만, 현재 커피 업계에서 보편적으로 통용되는 개념은 아니다.

발현 시간은 실제로 매우 복잡하다. 단순히 한 가지 화학반응만 일어나는 것이 아니다. 수많은 개별 화학반응이 독립적으로 일어날 뿐만 아니라 이들 간에 서로 영향을 미치면서 다차원적인 상호작용이 발생하기 때문이다. 이 기간에도 마이야르 반응은 계속되는데 그 반응 형태는 약간 달라진다. 다른 화학반응으로 생성된 새로운 다른 화합물과 접촉을 시작하기 때문이다. 당 캐러멜화, 유기산 분해, 스트렉커 분해, 열분해 모두 마이야르 반응과 동시에 일어나고, 커피 화학 및 향미 프로파일에 여러 가지 변화를 일으킨다. 이 장에서는 이 단계에서 일어나는, 향미 발현에 영향을 미치는 로스팅의 중요한 측면에 초점을 맞춰 설명할 것이다. 수크로스는 캐러멜화를 시작하여

(가열 속도에 따라 온도는 다르다) 수증기와 이산화탄소를 만들고 이는 1차 크랙까지 계속 진행된다. 그러다가 커피콩 안에 충분한 압력이 형성되면 첫 번째 기계적 파열(크랙crack)이 일어난다. 크랙은 커피콩의 구조가 팽창하면서 부서지는 것으로, 위에서 만들어진 부산물이 이때 기체 형태로 급격히 빠져나간다. 캐러멜화에 대해서는 다음 장에서 더 많이 이야기하겠지만, 수크로스를 캐러멜로 전환하고 설탕의 단맛을 쌉쌀하고 복합적인 향미로 대체한다. 당 캐러멜화는 수크로스를 분해해 여러 부산물, 특히 아세트산과 포름산을 생성한다는 점에서도 중요하다. 조셉 리베라Joseph Rivera는 이렇게 말한다. "실제 로스팅 환경에 따라, 아세트산 농도는 생두 상태 대비 최대 25배까지 증가할 수 있다. 전체 아세트산 농도는 약배전에서 중배전 사이에 최대치를 이루지만, 휘발성으로 인해 로스팅이 진행되면서 빠르게 사라진다."•

이 단계에서는 유기산, 특히 클로로겐산(CGA)류의 분해와 시트르산과 말산의 감소가 상당히 두드러진다. 생두에 존재하는 이 성분들은 분해되면서 다른 유기산을 만든다. 퀸산과 카페인산은 클로로겐산이 분해되면서 생성되는 대표적인 산이다. 마찬가지로, 시트르산과 말산은 분해되어 다른 유기산을 만드는데, 시트르산에서는 시트라콘산, 말산에서는 푸마린산과 말레인산이 나온다. 클로로겐산은 유기산 때문에 생기는 커피의 쓴맛 중 상당 부분을 차지하며 시트르산과 말산은 더 기분 좋은 맛을 내는 경향이 있다. 따라서 당신이 밝은 느낌의 산미가 나는 약배전 커피를 좋아한다면 클로로겐산은 충분히 분해하되 시트르산과 말산은 가능한 유지하는 것이 비결이다. 인산 수치는 로스팅이 진행되는 동안 거의 동일하게 유지되는 경향이 있다. (즉 이를 제어하려면 생두를 바꿔야 한다.) 앞서 언급했듯이, 아세트산은 수크로스의 캐러멜화로 생성되고, 정점에 도달했다가 줄어들기 시작한다. 특정 커피에 대한 발현 시간을 조절하는 비결은 자신이 원하는 맛을 구성하는 유기산 균형을 파악했다가 그 향미를 얻기 위

• Rivera, Joseph. "Acetic Acid." CoffeeChemistry.com. Accessed December 22, 2014. http://www.coffeechemistry.com/acids/acetic-acid.html.

해 발현 시간을 조절하는 것이다. 발현이 너무 급속하게 진행되면 클로로겐산이 너무 많이 남아 쓴맛과 금속성 산미를 경험하게 될 것이다. 너무 오래 로스팅하면, 산미가 아주 약해지거나 잘 느껴지지 않을 수 있다.(심지어 불쾌한 맛을 느낄 수도 있다.)

나보다 유기화학에 더 정통한 사람들은 다음과 같이 말한다.

"마이야르 반응이나 캐러멜화에서 엄청나게 다양한 종류의 산이 생성된다. 가장 두드러지는 것은 포름산과 아세트산이다."•

"주요한 산은 클로로겐산, 아세트산, 시트르산이다."••

"추출한 커피 음료의 산미는 주로 식초와 동류의 유기산인 아세트산, 프로피온산, 부틸산, 발레르산 등에 기인한다. 그중 발레르산은 맛이 강렬하고 독특하다."•••

이 단계에서 마지막으로 언급할 내용은 열분해, 즉 화합물이 산소 없이 열에 의해 분해되어 보다 기본적인 화합물로(그리고 결국 탄소로) 열분해되는 것이다. 이 반응은 1차 크랙 직후에 시작해 로스팅이 끝날 때까지 계속된다. 열분해는 최종 결과물에서 다른 화합물과의 균형이 너무 맞지 않을 경우 일부에서 "로스트" 향미라고 부르는 탄 맛의 원인이 될 수 있다.

지금까지 살펴본 것처럼, 이 로스팅 단계에서는 많은 일이 발생한다. 아마도 그런 이유로 발현 단계가 지금까지 로스팅 커뮤니티에서 대부분의 사람들이 가장 집중하고 면밀하게 관찰하는 분야 중 하나였을 것이다. 로스팅에서 이 부분을 수정했을 때, 내가 느끼는 커피 맛에 가장 큰 영향을 미치는 것은 마이야르 반응에 의해 생성된 유기산과 휘발성 화합물이었다. 당 캐러멜화와 열분해 또한 이 단계에서 일어나지만, 이는

- • Illy and Viani, Espresso Coffee: The Science of Quality Second Edition, 197
- •• Sivetz, Coffee Technology, 252
- ••• Michael Sivetz, A Critique on the Causes and Decline of: Coffee Quality (Sivetz, 1996), 68

다음 장에서 집중해 다루겠다.

내가 발견한 결과를 설명하기 위해 마이야르 반응 부분에서 나열한 동일한 커피에 대한 커핑 실험 데이터를 종합해 보겠다. 산미 점수는 SCAA의 커핑 양식에 따른 점수(6~10)를 나타내며 그 뒤에 오는 수치는 산미의 강도(1~5)다.

초기 실험에서 나는 로스팅 곡선의 여러 구간을 탐구했는데, 여기서 나타난 경향성과 로스팅 곡선의 논리적 특성을 확인하고 매우 고무되었다. 나는 커피의 발현 시간을 매우 다양하게 바꿀 수 있었고 그 차이를 맛으로 느낄 수 있었다. 발현을 빨리 진행한 경우는 "발현" 시간에서의 속도를 높여 기준 대비 57초 빨리 최종 온도에 도달했다. 그 결과 산미의 강도는 더 강하고 산미 점수는 더 낮았다. 다만 실수로 옐로우에서 1차 크랙까지의 시간을 35초 늘렸던 특정 로스트에서는 초콜릿 느낌과 자두 캔디 특징이 더해졌다.(복합적인 맛과 바디감이 기준에 비해 크게 증가했다.) 발현을 천천히 진행한 경우, 로스팅을 동일하게 진행하면서 발현 단계의 시간만 조절할 수 있었다. 그 결과 산미 강도는 크게 낮아졌고 산미 점수도 훨씬 떨어졌다. 여기서 전체 향미 프로파일은 가볍고 탄닌 느낌의 쌉쌀한 산미에서 더 달콤하고 부드러운 느낌으로, 그리고 마침내 거의 산미가 느껴지지 않는 쪽으로 이동했다.

두 번째 실험에서도 비슷한 결과가 나왔다. 운 좋게도 이 실험의 로스팅은 거의

브라질 마이크로 로트	산미 점수	기준 대비 시간	커핑 노트
기준	8.5 | 3	0:00	꿀에 절인 정향, 생강, 시나몬, 체리 과육
빠른 발현	7.5 | 5	−0:57	초콜릿, 콩코드 포도, 꽃, 달콤함, 톡 쏘는 느낌, 강한 산미(시트르산?), 꿀, 머스크멜론, 포도-자두 캔디, 향신료
느린 발현	6.5 | 1.5	+1:03	꿀, 자두, 씨앗 느낌, 당밀, 멜론-포도, 약한 새콤함, 바디는 가볍고 무거운 초콜릿 느낌, 낮은 산미

멕시코 유기농	산미 점수	기준 대비 시간	커핑 노트
기준	8 ǀ 4	0:00	달콤함, 캐러멜, 풍부한 레드 베리, 꽃, 통밀 크래커, 붉은 사과
빠른 발현	7 ǀ 4	−0:35	생강, 시나몬, 사과–흰 배, 부드러움, 견과류, 약간 식물성 느낌
느린 발현	6.75 ǀ 3	+0:19	달콤함, 향신료, 베리류 과일–사과, 멀 사이더, 약간 무거운 바디

완벽했다. 로스팅의 다른 부분(현재 조절 중인 발현 시간 이외의 부분)은 기준 대비 10초 내의 오차만 있었고, 발현 시간은 크게 편차를 낼 수 있었다. 여기서(실제 점수의 경우) 기준과 빠른 발현 시간 사이의 산미 강도 점수는 서로 비슷하지만 발현을 빨리 진행한 쪽의 산미 점수와 상당한 차이가 있음을 알 수 있다.

낮은 점수뿐만 아니라 식물성^{vegetal} 느낌이 나타난다는 점도 특징이다. 내 추측으로는 이 식물성 느낌은 커피에 과도하게 남아 있는 클로로겐산과 관련이 있어 보인다. 기준 대비 발현 시간이 느린 쪽은 산미 강도가 크게 감소하고 산미 점수도 낮아졌음을 알 수 있다. 산미의 생동감 또한 떨어졌다. 이 실험으로 발현 시간을 조절하면 산미 강도가 강한 쪽에서 약한 쪽으로 이동하고, 산미 점수는 낮은 쪽에서 높은 쪽으로 이동하다 다시 떨어지며, 유기산 조성은 야채 및 쓴 느낌에서 균형감 있는 쪽으로 갔다가 다시 감소하는 것을 볼 수 있다.

과테말라 SHG 커피를 사용한 첫 번째 실험에서는 다른 모든 로스팅 구간에서의 오차를 10초 이내로 유지하면서 발현 시간만 10초 이상(다만 하나는 아주 약간 차이가 난다.) 늘려 진행했다. 기준 대비 발현을 아주 조금 빠르게 진행한 경우, 기준 커피에서 느껴지던 복숭아와 시트러스 느낌이 약간 더 쌉쌀한 라임 또는 레몬-라임 같은 신맛과 통조림 복숭아 느낌 쪽으로 바뀌었다. 발현 시간을 늘린 쪽은 시트러스 느낌이 약

과테말라 SHG A	산미 점수	기준 대비 시간	커핑 노트
기준	8.5 | 4	0:00	달콤함, 시트러스, 복숭아 과육, 바닐라, 백차, 꽃, 라임, 당밀
빠른 발현	8.25 | 3.75	−0:11	카카오닙스, 꽃, 달콤함, 복숭아 캔디, 라임, 시트러스, 씨앗 느낌, 레몬–라임, 갈색설탕
느린 발현	6.25 | 3	+0:23	달콤함, 담배향 꽃, 건포도, 구운 복숭아, 메이플, 바닐라, 버터, 통조림 복숭아

과테말라 SHG B	산미 점수	기준 대비 시간	커핑 노트
기준	8.5 | 4	0:00	복숭아 파이, 차 느낌의 꽃, 파이 향신료, 당밀과 꿀(살짝 캐러멜 느낌)
빠른 발현	8 | 4	−0:43	화사한 느낌의 시트러스, 라임–복숭아, 말린 복숭아에서부터 망고 느낌의 신맛, 차 느낌, 씨앗 느낌, 꿀, 통밀 크래커, 달콤함, 꽃, 복숭아
느린 발현	7 | 3	+0:12	조리한 복숭아, 초콜릿과 갈색설탕, 단맛 나는 시럽, 달콤함, 살짝 단조로움

해지는 대신 복합성이 커지고 바디감이 좋아졌다. 시트러스 느낌은 사라지고 복숭아 과육 느낌은 구운 복숭아로, 차 꽃 느낌은 타바코 느낌으로 변했다. 이것은 로스터가 발현 시간을 조절하면서 커피 향미를 조금씩 미묘하게 바꾸는 방법을 보여주는 훌륭한 사례다.

두 번째 실험에서 발현 시간을 40초 이상 차이를 둔 경우에도 산미 강도와 점수 차이는 크지 않다. 그러나 커핑 노트를 보면 비슷한 경향이 계속 나타나고 있다. 발현 시간이 빠른 쪽은 시트르산을 더 많이 경험할 수 있고(살짝 씁싸름한 라임 느낌의 시트르

에티오피아 코체레	산미 점수	기준 대비 시간	커핑 노트
기준	8.5 ǀ 4	0:00	꽃, 백차, 꿀, 시트러스, 레몬, 베리, 바닐라, 버터스카치, 베르가못
빠른 발현	7 ǀ 3.5	−0:48	달콤함, 시트러스, 약간의 스위트콘 느낌, 카카오닙스, 레몬 케이크, 레몬 꽃, 야생 꿀, 오렌지
느린 발현	6.5 ǀ 4	+0:46	레몬, 초콜릿, 흙내, 고수 씨앗, 단조로움, 둔한, 살짝 식물성 느낌

산) 핵과 또는 복숭아 특성은 망고 느낌으로 바뀌었다. 발현 시간을 길게 한 쪽은 산미 점수와 강도 점수가 예상했던 대로 바뀌었고 둘 다 기준 대비 점수가 낮았다. 이번 실험에서도 쓴맛에서 달콤한 시트러스로, 더 균형 잡히고 달콤새콤한 성분 쪽으로, 그러다 마침내 그런 향미 속성들이 줄어드는 변화를 볼 수 있다. 발현 시간이 길어지면서 마이야르 반응이 계속 진행되다 보니, 향미 느낌의 깊이와 복합성에 대한 경험에 변화가 생긴다.

마지막 실험은 에티오피아 코체레를 사용했다. 위 내용은 이 커피에 대한 두 번의 커핑 점수다. 첫 번째 커핑에서는 성공적인 로스팅 결과가 나왔다.(다른 시간대는 10초 이내로 일치시키고 발현 시간은 최소 10초 이상 벌렸다.) 기준 커피는 빠른 발현보다 산미 점수가 같거나 조금 낮고, (최소한 두 번째 커핑에서는) 산미 강도는 상당히 크다. 또한 기준 커피의 레몬과 베리의 다소 단조로운 느낌은 무거운 시트러스(그리고 잠재적으로 보다 쓴 시트러스 경험) 및 오렌지 느낌으로 변화했다. 꽃 차와 베르가못의 특성은 보다 단순한 꽃 느낌으로 변한다. 기준 커피를 발현이 느린 쪽과 비교하면, 고수 씨앗이 향기로운 꽃 느낌을 대신하고 커피의 여러 흥미로운 향미 특성이 약해지고 무디어지는 점을 볼 수 있다. 여기서도 다시 "발현" 시간을 조율함으로써 향미 발현을 통해 나타나는 어떤 경향을 확인할 수 있다.

에티오피아 코체레(2)	산미 점수	기준 대비 시간	커핑 노트
기준	7.5 | 3.5	0:00	꽃, 백차, 꿀, 시트러스, 레몬, 베리, 바닐라, 버터스카치, 베르가못
빠른 발현	7.5 | 4.5	−0:48	달콤함, 시트러스, 약간의 스위트콘 느낌, 카카오닙스, 레몬 케이크, 레몬 꽃, 야생 꿀, 오렌지
느린 발현	7 | 3	+0:46	레몬, 초콜릿, 흙내, 고수 씨앗, 단조로움, 무딤, 살짝 식물성 느낌

마지막으로, 마이야르 반응 실험에서 했던 것처럼 생산 로스팅에서 약간 다르게 실시한 에티오피아 코체레의 로스팅 데이터를 비교해 보자.

기본적으로, 발현 시간과 커피에 존재하는 유기산에 의한 맛의 변화 사이에는 상관관계가 있음을 알 수 있다. 클로로겐산은 쓴맛을 야기하는 경향이 있으며 커피가 약간 덜 발현될수록 쓴맛이 더 많아지는 것 같다. 이본 플라멘트는 "요약하자면, 클로로겐산은 바디와 떫은맛에 기여한다."라고 했다.(바디감에 대한 이 언급은 일부 클로로겐산이 멜라노이딘과 연계한다는 의견과 관련 있어 보인다.**) 발현 시간이 짧아서 나타나는 쓴맛에 대한 경험은 처음엔 금속성의 쓴맛/식물성 느낌의 쓴맛에서 시작해 발현 시간이 길어질수록 기분 좋은 쓴맛(오렌지나 자몽 껍질에서 느껴지는 탄닌 비슷한)으로 바뀔 수 있으며, 시트르산, 말산, 아세트산 등이 만드는 산의 균형이 더 좋아진다. 따라서 커피의 산미에 약간의 달콤한 톤이 더해지고, 산미가 달콤함으로 바뀐다. 여기서 발현이 더 진행되면 마침내 맛이 둔해지기 시작한다. 발현 시간이 더 길어질수록 유기산 농도는 감소하고, 산미와 과일 느낌은 더 약해지고 두루뭉술하게 느껴진다. 발현 시간을 너무

- Flament, Coffee Flavor Chemistry, 37
- Illy and Viani, Espresso Coffee: The Science of Quality Second Edition, 195

기준 대비 시간	향미 프로파일
−0:48	씨앗 느낌, 옥수수, 오렌지, 레몬, 꿀, 시트러스, 곰팡내
−0:13	오렌지, 감귤, 쓴맛, 히비스커스 꽃
−0:09	오렌지, 꽃, 차 느낌
−0:05	베르가못, 씨앗 느낌, 라벤더, 꽃, 레몬, 오렌지, 씨앗, 오렌지 껍질
−0:02	라임, 레몬, 베르가못, 차 느낌
−0:01	시트러스, 레몬, 꽃봉오리, 차 느낌
−0:00	레몬, 마이어 레몬, 허니서클, 얼 그레이, 베르가못, 꽃
+0:02	레몬, 히비스커스, 베르가못, 차 느낌
+0:03	스위트 레몬, 베르가못, 라벤더, 꽃
+0:46	씨앗 느낌, 레몬, 약한 레몬 느낌, 부드러움, 흙내

빠르게 잡으면 유기산 균형 면에서 쓴맛(금속성이거나 식물성 느낌)이 나타나는 경향이 있고 발현이 너무 오래 지속되면 커피에 존재하는 유기산이 부족해지거나 중화되어 "커피의 생동감"이 떨어진다. 내 생각에 클로로겐산과 시트르산, 말산의 분해와 발현되는 아세트산의 상호 작용은 향미에 기여하는 유기산 중 가장 큰 비중을 차지하는 것 같다.

이 단계에서 마이야르 반응에 의해 발생하는 부수적인 변화를 보자면, 꽃 향이 부족했던 느낌(또는 더 공격적이면서 구조가 덜 갖춰진 꽃 느낌)에서 더 구조적이고 부드러운 느낌으로 변화했다는 것이다. 일반적으로, 마이야르 반응을 길게 지속할 수록 복합성과 질감(마우스필)이 더 풍부해진다. 이는 MAI 시간(색변화 시점부터 1차 크랙까지 시간)

내에서 반응하는 경우나 발현 시간 내에서 반응하는 경우 모두 적용되는 것 같다.

1차 크랙에서 로스팅이 끝나는 시점까지의 시간에 대한 요약

- 이 단계는 다음과 같은 이유로 매우 복잡한 문제다.
  - 마이야르 반응은 계속 진행 중이며, 수크로스의 캐러멜화, 유기산 분해, 열분해를 통해 생성된 새로운 반응 물질과 접촉하면서 다르게 반응한다. 이것이 바로 우리가 이 책에서 마이야르 반응을 1차 크랙 이전과 1차 크랙 이후로 나누는 이유다. 또한 나의 실험/관찰/기록/반복 접근 방식에서는, 앞에서 언급한 다른 화학반응을 변경하지 않고서는 첫 번째 이후의 마이야르 반응 활동만을 독립적으로 조절하는 것을 불가능하다.
  - 여러 번 언급했듯이, 수크로스(커피의 주요 당 성분)의 캐러멜화가 진행된다. 캐러멜화가 일어나면 당이 분해되면서 휘발성 유기 화합물뿐만 아니라 복합성과 쓴맛이 나는 복합적인 캐러멜 화합물이 생성된다.
  - 유기산 분해도 일어난다. 클로로겐산 그룹이 분해되면서 다른 유기산(아세트산, 퀸산 등)이 생성되고 시트르산과 말산이 분해된다. 1차 크랙부터 로스팅이 끝날 때까지의 시간은 커피 향미 프로파일의 최종 유기산 조성에 큰 영향을 미친다.
  - 열분해 또한 이 단계에서 일어난다. 열분해는 화학 화합물이 열을 받아 가장 단순한 형태로 분해되는 것이다. 결국 열분해는 모든 화합물이 탄소와 휘발성 잔류물로 분해되는 것을 의미한다. 열에 의해 모든 것이 계속 분해되면 커피는 계속 변화한다.
- 커피의 발현 시간을 조절하는 것이 전체적인 향미에 어떤 영향을 미치는지 설명하기 위해 모든 정보를 깔끔하게 정리하기는 정말 어렵다. 내 경험상, 커피의 향미 프로파일에 영향을 미치는 가장 중요한 두 가지 조정 사항은 유기산 조성과 중간 생성물에서 비롯된다.

— 일반적으로 유기산은("발현 시간" 관련) 다음 같은 변화 경향을 보인다.
  ○ 쓴맛
  ○ 쓴맛과 식물성 느낌
  ○ 쓴맛과 시트르산/말산/기타 기분 좋은 산
  ○ 쓴맛과 시트르산/말산/기타 기분 좋은 산, 산미
  ○ 시트르산/말산/기타 기분 좋은 산, 단맛과 산미
  ○ 시트르산/말산/기타 기분 좋은 산, 단맛
  ○ 단맛
  ○ 맛이 둔해짐
  ○ 단조로운
— 이러한 변화를 구체적으로 표현하면 다음과 같다.
  ○ 쓴맛, 불쾌한 구리 동전 맛, 강하고 단절된 산미
  ○ 쓴맛, 불쾌함, 홉 같은 식물성 느낌이 연상됨
  ○ 시트러스 껍질(자몽 껍질 같은)
  ○ 자몽 또는 라임과 비슷
  ○ 마이어 레몬 껍질 느낌이 살짝
  ○ 마이어 레몬
  ○ 레몬 셰이크 업(아직 마셔 본 적이 없다면 도전해 보길.)
  ○ 달콤함, 멜론 느낌
  ○ 산미가 적거나 없음
— 마이야르 반응을 통해 음료의 복합성을 조절한다.
  ○ 커피에 더 많은 꽃향기 혹은 향기로운 톤을 준다. 발현 시간을 길게 하면 이런 꽃/향기/씨앗 느낌이 강조될 수 있다.
  ○ 반대로, 발현 시간이 짧아지면 해당 향미 범위 내에서 복합성을 만들어 내는 마이야르 반응의 능력을 방해하고 산미/과일 톤을 더욱 강조할 수

최적의 향미 프로파일

있다. 그러나 지나치게 빠른 발현 시간이 갖는 일차원적 특성으로 인해, 특정 시점에 이르면 산미를 느낄 수 없을 것이다. 이로 인해 쓴맛, 식물성 느낌 또는 산미에서 금속성 느낌이 나타날 수 있다.

캐러멜화/
열분해
정도

———

로스팅에서 발현 구간 일부(정확히는 발현 구간의 마지막 부분이지만 이 부분만 따로 언급할 가치가 있다.)에는 로스팅 대상의 캐러멜화 정도를 선택하는 것이 포함된다. 본질적으로 우리의 질문은 "열이 커피콩 안쪽으로 이동하는 과정에서 수크로스를 얼마나 캐러멜화해야 하는가?"이다. 커피콩의 캐러멜화 정도는 로스팅하는 대상의 최종 온도와 밀접한 관련이 있어 보인다. 그동안의 테이스팅 경험을 통해 얻은 지식에 따르자면 단맛은 다소 길어진 발현 시간에도 잘 보존되는 것 같지만, 최종 온도를 더 높이거나 발현 시간의 비율이 달라지면 쉽게 가려지거나 저하되는 것 같다. 즉, 단맛, 캐러멜화/열분해 정도는 발현 시간의 길이와 큰 상관관계가 없다. 그러므로 우리는 최종 온도 자체를 특정해서 다루려고 한다

커피의 당 구성을 이루는 주요 성분은 수크로스다. 수크로스를 얼마나 캐러멜화할 것이고, 커피 본연의 단맛에 기여할 잔존 당은 얼마나 남길 계획인가? 커피콩의 온도가 충분히 높지 않으면 커피에는 식물성 느낌의 향미를 내는 물질이 남는다. 이는 식물성 느낌을 내는 특정 화합물의 열분해가 부족했기 때문이다. 또한 커피에서 캐러

멜 느낌의 강도가 식물성 느낌을 내는 성분을 덮을 정도로 충분하지 못했기 때문이다.

반대로 과도한 캐러멜화가 진행되어 결과적으로 열분해가 지나치게 발생하면 쓴맛이 과도해지고 커피의 복합성은 사라진다. 여러분은 지금 진정 민감한 대상을 다루는 것이다.

아래에 내가 이 이론을 검증하고자 과테말라 SHB를 사용해 진행한 실험 기록을 소개한다.

로스팅 편차

로스팅 단계	기준	낮은 배출	높은 배출
건조	0:00	+0:03	+0:10
마이야르	0:00	+0:03	+0:03
발현	0:00	=0:03	+0:08
최종 온도 차이	0°F	-6°F	6°F

위 표에서, 기준 로스팅에서 벗어난 모든 편차는 허용 가능한 수준이다. 내 미각 능력으로는 이 정도 편차는 로스팅한 커피 풍미에 거의 또는 전혀 영향을 미치지 않았다. 유일하게 중요한 영향을 미치는 것은 최종 온도다. (캐러멜화 및 열분해의 정도를 동시에 나타낸다).

SCAA 커핑 양식

로스팅	Fragrance	Flavor	After	Acid	Body	Balance	Uni	Clean Cup	Sweetness	Overall	Total
기준	8.25	8.5	8	8.5	8.5	8.5	10	10	10	8.5	88.75
낮은 배출	7.75	7.5	8	7.5	8	7.5	10	10	10	7.5	83.75
높은 배출	8	7.5	7.5	7.5	7	7	10	10	10	7.5	82

SCAA 커핑 양식의 품질 점수에서는 분명히 약간의 점수 차이가 있고, 그 결과 전체 점수에 상당한 차이를 가져온다. 내가 사용하는 로스팅 프로파일에서 이 수치를 봤을 때, 더 바람직한 열분해 및 캐러멜화 범위가 있고, 이 "스위트 스팟" 양쪽으로 덜 바람직한 범위가 존재한다.

강도 intensity 점수

로스팅	Fragrance	Aroma	Acidity	Body
기준	3	4	4	3.5
낮은 배출	3	3.5	4	3.5
높은 배출	3.5	3.5	4	3.5

위 표에서 강도 점수에 큰 변화가 없다는 점을 주목할 만하다. 이는 해당 요소의 강도는 최종 로스팅 온도와는 관련이 없고, 그보다는 커피가 로스팅 중 변화하는 경로를 나타내는 실제 로스팅 곡선과 관련이 있음을 뜻한다.

향미 기술 용어

로스팅	과일	꽃	풀	단맛	바디	애프터테이스트
기준	복숭아 파이	차 느낌의 꽃	파이 향신료	당밀과 꿀, 캐러멜	차 느낌	복숭아, 꿀, 꽃
낮은 배출	식물성 복숭아	녹차 성향의 꽃	완두콩/오이, 차 느낌	달콤한 꿀이나 원당	가벼움, 풍부한 차 느낌, 꿀	녹차, 씨앗 느낌
높은 배출	복숭아 파이, 당밀	자극적인 풍미 savory 참깨	씨앗 느낌	달콤함, 풍부한 초콜릿	초콜릿, 거친 jagged	파이 향신료, 시럽

최적의 향미 프로파일

마지막으로 커피의 향미 프로파일 변화는, 커피마다 상당한 차이가 있다. 배출 온도가 낮은 커피는 캐러멜화와 열분해(특히 열분해는 식물성 느낌 프로파일을 줄이거나 제거한다.)가 부족해서 식물성 향미가 나타난다. 최종 온도를 낮춘 커피는 좀 더 달콤했지만 캐러멜화와 열분해가 가져오는 복합성과 균형감이 다소 부족했다. 당 캐러멜화와 열분해 정도가 강할수록 캐러멜의 쓴맛과 함께 좀 더 자극적인 풍미의 특성이 두드러졌다. 향미 발현 경로는 식물성 느낌에서 달콤함으로, 달콤하지만 식물성 느낌은 없는 쪽으로, 순한 느낌으로, 살짝 쓴맛으로, 그리고 쓴맛으로 이어진다.

핵심은, 로스팅에서 최종 온도는 매우 신중하게 결정해야 하는 사항이라는 것이다. 커피를 태우지 않고도 더 진한 향미, 더 큰 복합성과 무거운 바디를 만들 수 있다는 점을 명심하자!

그리고 SCAA의 커피 휠 SCAA Coffee Taster's Flavor Wheel은 캐러멜화 과정을 통한 커피 향미 진행을 이해하는 데 유용한 가이드가 된다는 점을 기억하자. 초기(최종 온도/캐러멜화 정도와 관련)에는 커피의 떼루아와 생두의 화학 화합물에 많은 "효소적 향미 느낌 enzymatic flavor"으로 시작한다. (효소적 향미 느낌이란 로스팅 과정 중에 생성되는 것은 아니지만 캐러멜화나 열분해 등으로 감춰질 수 있다는 점에 유의하자.) 캐러멜화가 계속 진행되면, 커피 휠에서 당 갈변화 sugar browning 영역으로 이동할 것이고, 이런 향미가 더욱 두드러진다. 마지막으로, 캐러멜화/열분해를 계속하면 "건식 증류 dry distillation"로 표시된 항목에 도달하는데, 이는 커피가 가진 휘발성 물질의 열분해와 탄화로 인한 결과다.

- 당 캐러멜화 정도는 커피 로스팅 중 향미 발현을 제어하려는 나의 패러다임에서는 마지막 고려 사항이다.
  — 최종 배전도를 제어함으로써 당을 얼마나 캐러멜로 바꿀지 근본적으로 제어할 수 있다.
  — 유기산은 (발현 또는 분해에 관해) 시간의 영향을 더 크게 받는 것으로 보이지만, 당을 충분히 캐러멜화하려면 열을 더 공급해야 하는 것으로 보인다.

— 기본적으로, 최종 온도가 낮을수록 커피에 남는 당은 더 많아지고 단맛이 더 강해진다.
— 반대로, 최종 온도가 높을수록 발현되는 캐러멜이 더 많아지면서 당은 줄어들고 복합성은 커지며 쓴맛과 당 함량의 균형이 잡힌다.
— 적절한 캐러멜화보다 덜 진행된 쪽에서는 식물성 느낌이 나타난다. 이는 발현 시간과도 관련이 있어 보이는데 커피가 충분히 발현되지 못한 경우 단맛은 더 식물성 속성을 띤다. 토마토, 오이, 완두콩 등의 느낌이 날 수 있다.
— 적절한 캐러멜화보다 더 많이 진행되면 열분해로 인한 향미가 지배하고, 초콜릿 느낌과 짙은 캐러멜 느낌이 재와 탄화된 느낌으로 바뀐다.
— SCAA 향미 휠은 특정 캐러멜화 정도에서 어떤 향미 범위를 경험하게 될지를 이해하기 위한 훌륭한 도구다.
  ○ 당 캐러멜화 정도가 낮으면 꽃, 과일 향이 나는 매우 달콤한 커피를 맛볼 수 있다. (망치지 않는 한 말이다. 망치면 식물성 느낌이 난다.)
  ○ 당 캐러멜화가 중간 정도면 캐러멜, 초콜릿, 바닐라, 견과류 등의 느낌이 강조된다.
  ○ 캐러멜화 정도가 크면 열분해와 휘발성 아로마 성분의 파괴로 인해 슈퍼 다크 초콜릿, 나무 맛, 탄화, 재 느낌이 나타난다.

로스팅 중 커피콩 내 압력 형성

이제 마지막으로 좀 더 추상적이지만 매우 중요한 내용에 대해 알아보자. (나뿐만 아니라 업계 많은 사람들에게 생소한 내용일 것이다.) 로스팅 중 커피콩에 압력을 형성하는 방법을 의도적으로 조절한다는 개념이다. Illy and Viani가 《Espresso Coffee : the Science of Quality》에서 잠깐 언급한 부분 "커피 원두 내부의 압력 형성은 충분한 아로마를 만드는 데 중요하다."[*] 때문에 나는 커피 속 압력 형성의 중요성에 대해 생각하게 됐다. 또한 《Coffee Flavor Chemistry》에도 이런 언급이 있다. "Kaufman(1951)은 커피향이 제대로 생성되려면 로스팅 중 커피콩 속에서 압력이 형성되어야 한다는 점을 알아냈다."[**] 나는 이전부터 티핑 문제에 대해 잘 알고 있었기 때문에 이 문제에 대해서도 고려하고 있었다. 로스팅 중 열은 커피콩 표면에 단번에 고르게 전달되지 않는다. 오히려 열은 커피콩 바깥쪽에서 시작해 중심부로 단계적 차이를 만들며 들어간다. Illy and Viani는

---

[*] Illy and Viani Espresso Coffee: The Science of Quality Second Edition, 184
[**] Flament, Coffee Flavor Chemistry, 37

이 과정을 다음처럼 설명한다. "커피콩의 표면 온도가 상승하면, 내부의 온도 차로 인해 다공성 물질 안쪽으로 열전도가 일어난다. 국지적 온도가 커피콩 수분의 증발 온도에 도달하면, 증발면이 커피콩 중심부 쪽으로 이동하기 시작한다. 로스팅 초기에는 커피콩의 벽체가 아직 단단한 상태다. 따라서 발생한 증기는 벽을 뚫고 나올 수 없고 압력이 형성되면서 커피콩의 부피는 커진다. 커피콩 내부 방향으로 기계적, 열적 스트레스가 쌓이고, 이로 인해 커피콩이 부서지거나 [이것이 반드시 1차 크랙은 아니다.] 또는 가해진 스트레스가 커피콩의 인장력을 넘어설 때는 터져 버린다."•

압력 축적은 잠재적인 결함이나 문제를 야기하는 데 더해, 커피 로스팅 진행 양상을 완전히 바꾸어 버린다. 압력 같은 요인이 어떻게 커피 로스팅과 맛에 영향을 미치는 것일까? 그 답은 꽤나 간단하지만 완전히 이해하기엔 어렵다. 압력은 화학반응 속도에 영향을 미친다. 또한 커피 로스팅 중 일어나는 일부 화학반응의 효율성을 변화시킨다. 흥미로운 점은 이러한 압력 벽은 증기가 배출되기 시작하는 순간부터, 아직 어떤 화학반응도 일어나지 않는 순간, 즉 드럼에 커피를 넣는 그 순간부터 만들어지기 시작한다는 것이다. "건조" 구간은 커피의 향미 발현에 직접적으로 중요하지는 않지만 (왜냐면 결점두가 발생할 가능성 외에는 이 구간에서 실제 화학반응이 일어나지 않기 때문에), 이 시기는 이후 로스팅을 위한 추진력을 확립할 뿐만 아니라, 로스팅 자체의 잠재적 반응 속도와 잠재적 부산물도 결정짓는다.

우리가 로스팅 과정에서 커피에 열을 가하면, 커피 내부의 자유수는 증기가 되고 커피 외부로 배출됨으로써 수분이 제거된다. 바람직한 화학반응(마이야르 반응)이 일어나려면 커피가 건조되어야 하기 때문이다. 수분이 제거되고 열이 커피콩 내부에 쌓이면서 압력에 의한 벽이 형성되는데, 커피콩의 밀도가 충분히 높지 않아서 압력을 견디지 못하면 증기가 커피콩의 가장 연약한 부분, 씨앗을 심었을 때 배아가 발아하는 부분을 뚫고 배출되기 시작한다. 증기가 급속히 배출되면서 이 연약한 부분은 탄화되는

• Illy and Viani Espresso Coffee: The Science of Quality Second Edition, 180

데 이것이 소위 티핑tipping이라 알려진 현상이다. (피해야 한다!)

근본적으로, 기체가 관련된 화학반응에서 압력이 증가하면 반응 속도는 빨라진다. 이는 압력이 화합물을 더 밀착시켜 화학반응이 더 빨리 일어나게 하기 때문이다. 또한 압력이 증가하면 온도가 높아지는 경향이 있기 때문에 압력이 높아지면 커피 내부의 온도가 높아질 수 있다. 이 또한 여러 화학반응 속도를 높이는 원인이 된다. 여기서 우리의 관심사는 특히 휘발성 향미 화합물의 반응(그리고 반응 속도)을 조절하는 부분이다. 특히 전체 로스팅 시간을 단축함으로써 반응 속도를 높이고, 앞에서 말했던 로스팅 구간들을 압축해 바람직한 결과를 만들어 낸다. 커피콩 내부에 형성되는 압력은 여러분이 생각하는 것 이상으로 높을 수 있다! "커피콩 내부의 높은 온도(보통 10~15분간 170~230℃)와 높아진 압력(최대 25기압, 예전 표현으로 25Bar 또는 367psi)은 방대한 화학반응을 일으킨다."•

한 가지 주목할 만한 예외는 마이야르 반응으로, 특히 멜라노이딘 형성과 관련된 부분인데, 그 중요성에 대해서는 앞서 언급했었다. 커피와 상관 없는 부분에 대한 연구인데, 압력 증가는 실제로 마이야르 반응과 관련 있는 화학반응을 방해한다는 사실이다. 여기에서는 "결론적으로, 마이야르 반응을 통한 휘발성 산물은 대개 높은 압력을 가하면 억제된다."••라고 말하며, 특히 멜라노이딘 형성이 방해를 받는다고 한다. "이 연구를 통해 멜라노이딘 형성에서 아마도리 재배열 산물(ARP)의 분해 속도가 늦춰진다는 것 또한 확인했다."••• 이로 인해 복합성과 바디감이 커진다. 그러므로 커피 내부 압력이 높아지는 빠른 로스팅에서는 복합성과 바디감이 감소하는 경향이 있다. 반대로 (여전히 합당한 시간 범위 안에 있는) 중간 속도 또는 느린 속도의 로스팅에서는

- • Illy and Viani Espresso Coffee: The Science of Quality Second Edition, 198
- •• Mark Bristo and Neil S. Isaacs, "The Effect of High Pressure on the Formation of Volatile Products in a Model Maillard Reaction," Journal of the Chemical Society, Perkin Transactions 2, (1999): 2218, accessed November 6, 2014, doi : 10.1039/A901186B
- ••• Bristo and Isaacs, "The Effect of High Pressure on the Formation of Volatile Products in a Model Maillard Reaction," 2217 doi: 10.1039/A901186B

바디감이 증가하고 복합성도 훨씬 증대된다.

화학반응이 압력 상태에 따라 작동하는 방식에 대한 이분법은 커피에서 유사한 향미를 만들어 내기 위해 특정 화학반응이 일어나도록 시간을 조절하는 적절한 방법이 있음을 의미한다. 그러나 이런 조절이 절대 완벽하지는 않을 것이다. 일부 마이야르 반응은 빠른 로스팅에서는 더 느리게 진행되기 때문이다. 즉 근본적으로 상호 절충하는 관계다. 로스팅을 빠르게 할수록 바디감과 복합성은 떨어진다. 하지만 속도는 높이면서도 식물성 느낌이나 "미발현"(즉 풀 같은 매우 쓴맛)된 맛이 나지 않는 커피를 만들 수 있다. 이 점에서, 동일한 질적 결과를 얻기 위해 로스팅을 백분율이나 비율로 세분화할 수 있다는 관점은 신빙성이 있다. 이런 이론은 어느 정도는 효과가 있겠지만, 로스팅마다 일관성을 유지하려면 전체 로스팅 시간을 비슷하게 유지하여 동일한 압력 축적을 형성하는 것이 더 좋다.

로스팅 중 커피콩 내 압력 형성 요약

- 압력 형성은 휘발성 향미 화합물의 적절한 형성과 다양한 화학반응의 기능에 필수적이다.
- Illy에 따르면, 커피콩의 내부 압력은 25기압까지 올라갈 수 있다.
- 이런 압력 상승은 로스터 내부의 커피가 로스팅되는 속도에서 기인한다. 열이 커피에 가해지면 수분이 증기의 형태로 커피에서 빠져나오기 시작한다. 증기 축적은 이동하는 열의 벽과 함께 커피콩 내의 압력 벽을 형성한다.
- 압력은 화학반응 속도를 바꾼다. (특히 마이야르 반응의 경우) 이로 인해 동일한 반응이라도 일부는 더 빨리 일어난다. 압력은 또한 특정 반응(특히 멜라노이딘 형성과 관련된 것)을 억제한다.
- 이는 커피 로스팅 중 특정 화학반응이 일어나는 데 필요한 시간이 커피 로스팅 속도에 따라 단축될 수 있음을 의미한다. (이 때문에 커피 로스팅을 비율 단위로 적용하는 아이디어는 신뢰성이 있다.)

- 커피에서 식물성 같은 속성이나 부정적인 유기산을 줄이는 반응은 가속시킬 수 있고(그래야 "잘 발현된" 커피가 된다.) 바디감과 복합성을 저해하는 다른 반응은 억제할 수 있다.
- 그러므로 의도적으로 훨씬 빠른 로스팅을 함으로써 잘 발현된 커피를 만들 수 있다. 다만 필수적으로 커피 향미 발현 중 일부 요소는 희생해야 한다.
- 나는 Illy를 비롯한 여러 권위 있는 자료에서 커피콩 내부에 형성되는 압력 벽은 화학반응을 다르게 만들고, 향미 발현에는(특히 특정 결점두 없이) 더 높은 압력이 긍정적으로 작용한다는 내용을 확인했다.

향미를 조율하는 방법

로스팅 중 향미 발현을 제어할 수 있는 접근법과 관련해 중요한 세부 사항을 요약해서 제공하고자 한다. 이를 활용한다면 로스팅 프로파일을 여러분이 좋아하는 방향으로 바꿀 수 있을 것이다.

- **"건조 단계"**
    - 예열된 드럼에 커피를 투입한 후 커피 색깔이 노란색으로 변하기 시작할 때까지의 단계
    - (스코칭, 티핑 등) 일부 로스팅 결함의 원인
    - 이후 로스팅 구간의 추진력을 형성
    - 진정한 의미의 화학반응은 일어나지 않는다.
    - 커피콩이 가열되고 수증기가 발생하면서 압력 벽이 만들어지기 시작한다.

- **MAI 단계**
    - 마이야르 반응 단계의 줄임말(다만 마이야르 반응 전 과정은 아니다.)
    - 색깔이 노란색으로 변하면서 건초 같은 향이 날 때부터 시작한다.
    - 발현 단계가 시작(1차 크랙 시작)될 때 끝난다.
    - 화학적으로 극히 복잡한 반응이 연쇄적으로 일어난다.
    - 방향성, 휘발성 향미 화합물, 특히 멜라노이딘의 형성 원인이다.
    - 아미노산의 스트렉커 분해가 일어난다.
    - 이 구간이 짧을수록 바디감이 가벼워지고 복합성이 떨어진다.(복합성이 떨어지고 가벼운 향미)
    - 이 구간이 길어지면 바디감이 무거워지고 복합성이 증가한다.(더 복합적이고 무거운 향미)

- **"발현" 단계**
    - 배치가 1차 크랙에 들어가기 시작할 때 시작한다.
    - 로스팅이 끝날 때 종료
    - 매우 복잡한 일련의 이벤트
        - 마이야르 반응이 계속되며, 다른 반응으로 인해 새로운 반응물이 만들어진다.
        - 유기산 분해 : 클로로겐산, 시트르산, 말산
        - 유기산 형성 : 아세트산(←수크로스), 퀸산(←클로로겐산), 포름산 등
        - 수크로스의 캐러멜화
        - 열분해
    - 주된 관심 대상은 유기산과 마이야르 반응 결과물이다.
    - 유기산
        - 클로로겐산은 쓴맛과 식물성 느낌의 산미가 사라질 때까지 줄이되 향미

에 좋은 시트르산과 말산은 잃지 않는 수준으로 균형을 맞추기 위해 노력하자.
    - 금속성, 식물성 느낌의 쓰고 신맛의 화합물에서부터 산미가 느껴지는 더 기분 좋은 화합물로, 그 다음은 단맛과 더 기분 좋은 화합물로, 그 다음은 단맛과 더 무딘 화합물로, 마지막으로 무디고 산미가 낮은 쪽으로 점차 진행된다.
  — 마이야르 반응
    - 이 단계에서는 특히 꽃 향과 화사한 향기 느낌의 발현에 집중하자. 또한 마이야르 반응에 의한 갈변화에도 신경 쓰자.
    - 꽃 느낌의 복합성은 발현 시간을 늘리면 증가한다.
    - 캐러멜화를 통해 형성되지 않은 갈변화는 발현 시간을 늘리면 증가한다.

- **당 캐러멜화와 열분해**
  — 주로 당 캐러멜화와 열분해에 집중한다.
  — 주로 커피 배치의 최종 온도와 관련 있다.(특정 시간이 아니다.)
  — 수크로스가 더 많이 캐러멜화될수록(최종 온도가 높을수록) 단맛은 줄어들고 쓴맛과 복합성은 커진다.
  — 당의 캐러멜화가 적으면 단맛은 커지고 쓴맛은 줄어들지만 복합성 또한 떨어진다.
  — 너무 낮은 온도로 로스팅하면, 원하지 않는 화합물을 열분해를 통해 제거하지 못하기 때문에 식물성 느낌의 속성과 일부 쓴맛이 남을 수 있다.
  — 최종 온도가 너무 높으면, 열분해로 인한 느낌이 의도한 것보다 더 많이 나타나고, 탄화된 느낌이나 재 느낌이 날 위험이 있다.

- **압력**
    - 로스팅 구간별 속도 및 전체 로스팅 시간을 제어해서 커피콩 내 압력을 맞추면 특정 향미를 만들기 위해 필요한 반응 길이를 조절할 수 있다.
    - 빠른 로스팅 = 압력이 높기 때문에 마이야르 반응 및 발현에 필요한 시간을 보다 압축시킬 수 있다. 다만 마이야르 반응 효과가 떨어지기 때문에 바디감과 전체적 복합성에 기여하는 일부 화합물은 놓칠 수 있다. 단조로운 커피가 나올 위험이 있다.
    - 느린 로스팅 = 압력이 낮으므로 일부 화학반응이 일어나려면 더 오랜 시간이 필요하고, 이에 따라 마이야르 반응 시간과 발현 시간을 조절해야 할 수 있다. 마이야르 반응은 잘 일어날 것이고 멜라노이딘이 생성되면서 복합성과 바디감에 기여할 것이다.

나는 여러분에게 "가장 좋은 로스팅 방법"이 무엇인지 말하려는 게 아니다. 그런 것은 없기 때문이다. 단지 여러분이 원하는 커피 맛을 만드는 데 도움이 되는 지침이었으면 한다. 지금까지의 여정이 여러분에게 도움이 되었기를, 나의 경험과 조언이 앞으로 여러분을 더 좋은 커피로 이끄는 데 도움이 되었길 바란다.

마치며

___

로스터는 이런 이정표와 일반적인 경향성을 활용함으로써, 배송 전 샘플과 도착 샘플의 커핑 결과를 기반으로 어디서부터 로스팅을 시작할지 결정할 수 있다. 그리고 앞에서 설명한 것처럼 로스팅 곡선상의 여러 부분을 조금씩 조절해 커피의 향미 프로파일을 원하는 지점에 다다르게 할 수 있다. 내 친구가 늘 하는 말처럼. "정답은 없다." 그러나 적어도 모호한 지침을 좀 더 분명한 방향으로 발전시킬 수 있다.

나는 3년 넘게 모든 제품 개발, 샘플 로스팅, 생산용 로스팅에 이런 접근법을 적용했고, 이 방법이 통하지 않았던 경우는 아직까지는 없다. 물론 더 세부적인 증거나 아직 실험하지 못했던 커피 로스팅의 흥미로운 측면에 직면했을 때는 약간의 변화를 주어야만 했다. 그러나 우리는 항상 배우며 앞으로 나아간다. 나는 앞에서 설명한 과정 외에도 로스팅의 다양한 측면을 계속 관찰하고 있지만, 이 책에서는 숙련된 로스터가 커피의 향미 발현을 이해하는 데 도움이 될 만한 내용을 자세히 설명했다.

부록:
향미에 대한
생각

내가 향미를 이해하고 인지하며 기술하는 방식에 대해 설명하려고 한다. 나는 특정 맛을 느끼게 하는 특정 화학 화합물이 있다고 생각하지 않는다. 그보다는 각각의 맛이란 과거에 자신이 맛본 무언가를 연상하게 하는 복잡한 경험의 조합을 드러내는 것이라고 생각한다. 이 책에서 내가 맛/향미가 레몬에서 라임으로 변했다고 언급한 부분을 읽었을 것이다. 이 의미는 나는 레몬보다 라임에서 쓴맛을 더 많이 경험했다는 것이다. 마찬가지로, 나는 시트러스 계열의 과일 껍질은 과육보다 쓴맛이 더 강하기 때문에 레몬에서 과육과 껍질 간의 차이를 기술할 수 있었다. 또 다른 예로는, 내가 복숭아를 먹어 본 경험이 있다면, 무언가 복합성이 더 크고 시럽 같은 바디감이 느껴진다면 복숭아 파이 또는 코블러(반죽을 덮은 과일 파이)라고 표현할 수 있다. 왜냐하면 이런 향미는 시럽 같은 마우스필과 가끔은 당밀(설탕보다 복합적이고 약간 쓴맛이 더 있는) 등의 느낌을 갖고 있기 때문이다.

    내가 말하고 싶은 것은 여러분이 이 책에서 언급한 로스팅 스타일을 적용할 때 특정 화학반응만 살펴보는 것보다 자신이 맛을 경험하는 방식에 대해 생각하고, 위 지침이 그런 경험에 어떤 변화를 주는지를 고려하는 것이 더 유익하다는 것이다. 일단 자신이 맛을 경험하는 방식을 이해하게 되면 커피 향미 프로파일에 관한 세부 사항을 원하거나 필요한 대로 의도적으로 바꿀 수 있다.

PART 2

티핑을 방지하는 법:
커피 로스터를 위한
스타일 가이드

사전 소개

커피 세계에는 유사과학, 민간과학, 입소문 출처의 자료가 넘쳐나며 이런 것들이 사람들에게 개념 있는 것으로, 모범 사례로서 받아들여지기도 한다. 나 역시 커피 교육자로 일하며 의견과 추측을 사실처럼 말하면서 이런 막말의 수렁을 더 깊어지게 했다. 그러므로 이 이야기부터 시작하는 것이 좋을 것 같다. 나는 과학자가 아니고, 과학자의 아들도 아니다. 나는 커피 로스터이자 컨설턴트로서, 커피를 로스팅하는 사람들과 일하며, 로스터 겸 교육자로서 배우고 성장하면서 몇 년 전과는 다른 결론에 도달했다. 불경에 등장하는 코끼리와 맹인 이야기와 유사한데, 내가 아직 로스팅의 완전한 면모를 다 알지 못한다는 사실이다. 다만 나는 여러분이 현재 커피를 더 잘 로스팅하는 데 도움이 될 만한 실용적인 조언을 줄 수 있다. 내가 흥미롭게 읽었던, 작업의 내용과 이유를 이해하기 위한 틀을 구체화하는 데 도움이 되는 몇몇 과학 학술지 문헌을 인용하겠지만, 이렇게 제시하는 것 역시 나만의 경험에 따른 한정된 자료에 근거한 것임을 밝힌다.

도입

나는 SCAA와 SCA 수업에서 사용할 테이스팅용 커피를 제공해 달라는 요청을 계속 받았는데, 그 이유는 아마도 내가 자주, 거의 항상 로스팅 결점두를 만들기 때문일 것이다. 나는 지금도 그런 요청이 칭찬인지 모욕인지 잘 모르겠지만, 나는 언제나 자원해 도와주려 했고, SCAA나 SCA는 도움을 주겠다는 사람은 누구나 받아 줬다. 이런 수업에 함께하고자 한 이유 중 하나는 내가 커피 로스팅 결함과 그것이 일어나는 방식과 이유를 파악하는 일에 빠져 있었기 때문이다. 나는 로스팅 결함을 가진 커피를 쉽게 만들 수 있었고 로스팅 결함이 객관적이라는 점에 감사했다. 티핑tipping, 스코칭scorching, 페이싱facing, 치핑chipping의 경우, 그것은 있거나 없거나 둘 중 하나다. 아주 간단하다. 우리 업계는 다소 주관적인 편이라 어떤 주장의 근거는 보통 개인적 인식, 마케팅/브랜딩, 개인의 의견에 기반한다. 이런 상황에서 성패를 판단할 수 있는 객관적이면서 측정 가능한 무언가가 있다는 점이 마음에 든다.

로스팅 결함이란 무엇인가? 로스팅 과정에서 커피 생두의 일부가 물리적으로 탄화되는 것 또는 손상을 입는 것이다. 일반적으로 이는 (전도식과 대류식을 막론하고) 로스팅 과정 중 어느 시점에 열에너지가 너무 많이 공급되었음을 의미한다. 주관적인 결함도 있지만 여기서는 이를 심도 있게 다루지 않는다. 주관적 로스팅 결함에는 베이크드 baked, 과발현 overdeveloped, 미발현 under-developed, 오버로스팅 over-roasted, 언더로스팅 underroasted 등이 있다.

나는 로스팅 경력 내내 특히 티핑에 관심을 가져 왔다. 그 이유 중 하나는 로링 Loring 로스터로 오랫동안 로스팅을 했는데, 이 로스터는 스코칭이나 페이싱이 사실상 일어날 수 없었기 때문이다. 또한, 노사 파밀리아 커피(나는 여기서 거의 10년간 커피 디렉터로 근무했다.)는 주로 브라질 커피를 취급하는데, 나는 특히나 저지대 브라질 커피(그 중에서도 세하도 Cerrado산 커피) 로스팅 중 발생하는 티핑 문제를 해결하고자 노력해 왔다는 점을 이유로 들 수 있다. 이터레이션 커피 Iteration.coffee 프로젝트를 시작하면서는 티

갈라파고스 세트에서 발견된 티핑 2알

핑 문제를 그렇게 걱정할 필요가 없었는데, 특별한 이유가 있는 것은 아니고 내가 구매한 커피콩과 내가 주력했던 로스팅 스타일에서는 티핑이 나타나지 않았기 때문이었다. 그런데 갈라파고스Galapagos 세트를 준비하면서 상황이 완전히 바뀌었다.

나는 이 커피의 재배 고도가 250m에 불과하기 때문에 제법 까다로울 수 있다는 점은 알고 있었다. 이 커피는 그때까지 내가 로스팅했던 어떤 커피보다도 재배 고도가 낮았다. 하지만 나는 실망하지 않았다. 나는 이 경험을 통해 티핑에 대해 생각하고 가르쳐 왔던 것을 어떻게 바꿔야 하는지 영감을 얻었고, 티핑이 왜 일어나고 어떻게 더 잘 피할 수 있는지에 대해 더 깊이 파고들 수 있었다.

티핑이란 무엇인가? 로스팅 결함 중 하나인 티핑은 특히 커피콩의 한쪽 끝, 배아embryo가 있는 자리에 탄 자국이 난 것을 가리킨다. 티핑 결함이 커피콩의 한쪽 끝에서만 일어나는 것은 이 때문이다. 때로는 이 자리에 커다란 검정 반점이 나타나서 찾기 쉬운 경우가 있다. 때로는 다소 변색되고 돌출된 형태로 나타나기도 한다. 말 그대로 무언가가 터져 나온 작고 검은 구멍처럼 보이는 것도 있다. 티핑의 양상은 다양하다. 하지만 어떤 형태의 티핑이든, 괜찮았을 커피에 탄 맛을 만들어 낸다.

오해

나는 지금도 처음 방문했던 SCAA 박람회에서 느꼈던 혼란과 불신, 실망을 기억한다. 2012년 박람회는 포틀랜드에서 열렸다. 나는 그때 로링 s35모델, 포틀랜드, SCAA 모두 처음 경험하는 것이었기에, 당시 내가 겪고 있는 티핑에 대해 궁금한 점이 많았다. 나는 여러 강사와 로스터스 길드 Roaster's Guild 회원에게 질문했다. 길드에서 존경받는 단장이 티핑에 대해 해준 말은 내가 공기 흐름을 너무 빠르게 잡았을 것이고 그로 인해 "공기가 커피콩을 통과하면서 끝부분을 태워 날려 버렸을 것"이라고 했다. 당시 나는 그의 말을 전혀 믿을 수 없었지만 그런 티를 내지는 않았다. 아무튼 그의 대답은 전혀 만족스럽지 않았다. 나는 공기가 유령처럼 커피콩을 뚫고 들어가 커피콩의 끄트머리를 날려 버릴 정도로, 오랫동안 존재감을 과시한다는 것은 말이 안 된다고 생각했다. 나는 당시 로스팅 중 발생하는 결점두에 관한 수업도 수강했고 배운 것을 적어 두었다. 2012년에 들었던 수업에서 배웠던 것이 지금도 컴퓨터에 남아 있는데 그 내용은 다음과 같다.

- "티핑은 커피콩 끄트머리(커피콩에서 가장 약한 부분)가 어둡거나 탄 것처럼 보인다."
- 티핑은 대개 커피콩의 갈라진 부분을 따라(특히 싹이 트는 부분) 발생한다.
- 티핑은 커피콩에 과도한 열이 매우 높은 대류열을 통해 가해질 때 일어난다. 열이 커피콩의 가장 약한 부분을 통해 빠져나가며 건류(건식 탈수 작용 dry distillation)가 발생하는데, 그러면 아직 다른 부분이 충분히 로스팅되기 전에 이 부분은 로스팅 후반 단계에 도달한다. (불균일성이 크다.)
- 맛: 너무 구운 비스킷 또는 탄 맛
- 조밀도가 낮고 크기가 큰 커피콩에서 더 많이 나타난다.
- 어쩌다 한 줌 발생하는 정도면 괜찮지만 모든 커피에서 다 나타나면 문제다.
- 그러나 일부 탄 맛이 느껴진다.
- 에너지 투입량과 공기 흐름이 원인이다. 그러므로 이런 결함 일부는 쉽게 바꿀 수 있다.
- 공기 흐름이나 에너지 투입량을 조절할 수 있어야 하기 때문에 로스터 기종이 매우 중요하다.
- 티핑은 쉽게 방지할 수 있다.

2013년 SCAA 회의에서 내가 적은 내용은 다음과 같다:

티핑
- 열이 너무 빨리 들어갔다.
- 로스팅이 끝날 때 일어난다.
- 커피콩의 한쪽 끝, 곧 커피콩의 가장 약한 부분에 어두운 반점이 있다.
- 일반적으로, 공기 흐름 속도가 너무 높아서 일어난다?

- 커피콩 세포가 일부 부서졌고, 공기 흐름을 타고 수분이 너무 빨리 빠져나간다.
- 나는 위 의견에 동의할 수 없다.

그렇다면 티핑에 관한 이런 내용 중 무엇이 도움이 되고 무엇이 그렇지 않은지, 그리고 이를 어떻게 이용할지에 대해 말할 차례다. SCAA 강사와 처음 만났을 때 배운 내용에서 유용한 팁을 얻을 수 있었다. 그 설명에는 한계가 있지만 적절하다. 티핑의 원인은 과도한 열 때문일 가능성이 높다. 스코칭과는 달리 대류를 통한 열전달이 한몫하는 것도 사실이다. 위 이야기 중 도움이 되는 내용은 이후에 싹이 될 배아 부분endosperm cap은 커피콩의 외피를 이루는 다른 부분에 비해 더 약하고 얇다는 것이다.

도움이 되지 않는 부분은, 티핑의 원인이 열이 커피콩을 통과하면서 끄트머리를 날려 버리기 때문이며 좀 더 부드러운 커피(부드러운 커피란 밀도가 낮은 커피를 말한다. 다만 대개 그렇다는 것이지 모두 그런 것은 아니다.)에서 자주 발생하고, 공기 흐름 속도가 너무 높은 경우에 관련이 있다는 부분이다. 하나 더 꼽자면 로스팅이 끝날 때 발생한다는 것이다. 티핑은 로스팅 시작 시기에 일어나기 시작해서 로스팅이 끝날 때에 더 두드러지게 나타난다. 나는 또한, 공기 흐름이 빨라 커피가 초기에 건조해지는 것도 티핑의 원인은 아니라고 본다.

그러면 도움이 되는 부분을 어떻게 이용할 수 있을까? 핵심은 커피로 전달되는 대류 열에너지를 줄이거나 제한하는 것이다. 그러나 내가 들은 강의에서는 아직까지 이 문제를 해결할 수 있는 직접적인 방법이 없었다. 티핑을 방지하기 위한 일반적인 조언은 공기 흐름을 줄임으로써 커피가 마르지 않게 하고, 열에너지가 커피콩을 너무 빨리 통과하지 않게 하는 것이다.

유감스럽게도 내가 믿고 있던 정보나 다른 사람들에게 가르친 정보는 그다지 정확하지 않거나 도움이 되지 않았을 수도 있다. 나는《최적의 향미 프로파일Modulating the Flavor of Coffee: One Roaster's Manifesto》을 쓰면서 커피의 높은 내압이 중요하다는 생각에 집착

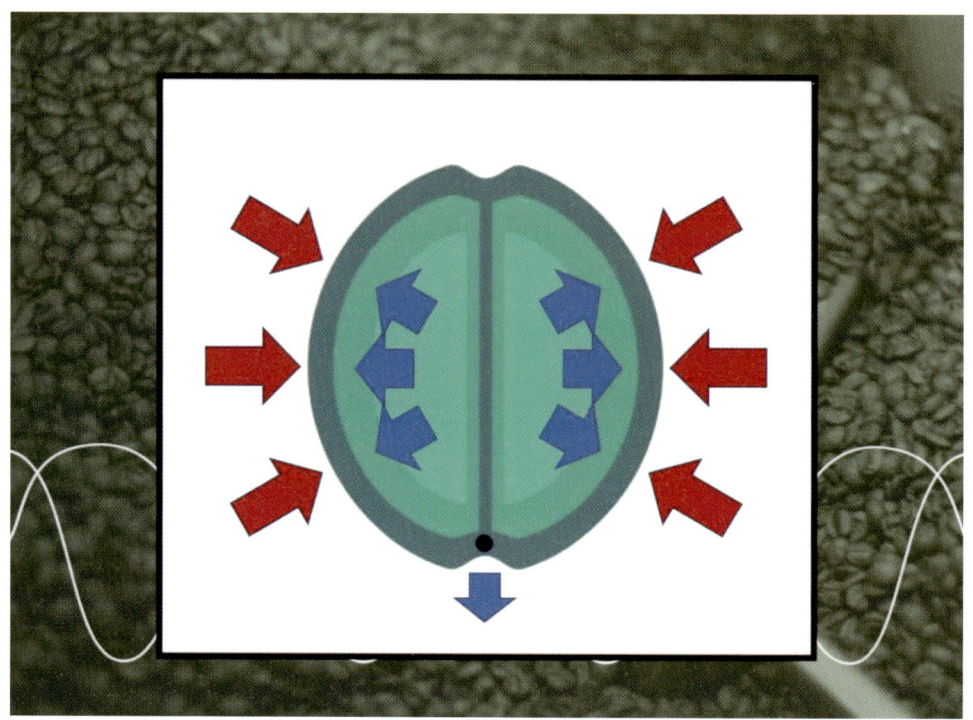

과도한 압력 생성이 티핑의 원인이라는 나의 오류

했다. 나는 커피콩 속 세포 구조가 아니라 커피콩 자체를 소형 원자로로 보는 데 너무 집중했는데 이는 잘못된 생각이었다. 그래서 나는 티핑을 개념화하고 서술하기 위해 압력 생성에 집중하려고 한다.

위 그림에서 볼 수 있듯 압력 생성에서 내가 집중한 부분은 커피콩 내부 어딘가에서 일어나는 압력 누적이었다. 내 생각에 커피콩 바깥쪽 부분은 수분을 머금고 있고 (지금도 여전히 그렇게 믿는다.) 점차 팽창 중인 기체에 의해 강한 압력을 받는 상태다. 로스팅을 계속하면 커피콩 속에서 높은 압력이 형성될 것이고, 커피콩의 밀도에 따라 다르겠지만 어떤 시점이 되면 가장 약한 부분이 압력을 견디지 못하면서 과열된 수증기를 방출할 것이고, 과열된 수증기가 급속히 빠져나가면서 그 부분의 커피콩 조직이 타 버릴 것이다. 나는 《최적의 향미 프로파일Modulating the Flavor Profile of Coffee》을 쓸 때, SCAA 에서 배웠던 내용 일부와 내가 경험하며 알게 된 것을 짜맞췄다. 말하자면, 나는 커피 콩에는 배아 부분, 커피나무의 뿌리체계를 형성하는, 제일 약한 부위가 있다는 생각을 고수했다. 또한 여기에 더해, 열이 커피콩을 통과할 때 가장 약한 부분을 통해 빠져나 간다는 식으로 SCAA의 가르침을 이해하려 했다.

내가 여기서 얻은 유용한 정보는 물리적인 파괴가 발생한 극단적인 티핑 경험과 관련이 있다는 점이다. 나는 압력 방출 외의 다른 방식으로 이를 설명할 수 없었다. 로 스팅 과정 중 커피 세포 내부 압력은 실로 엄청나며, 이는 극단적인 티핑 현상을 설명 할 수 있다.

도움이 되지 않는 부분은, 이런 극적인 과잉 단순화에 커피콩 전체가 관여하는 것 처럼 초점을 맞추고 있다는 것이다. 커피콩 전체가 약점이 있는 대형 풍선처럼 작용하 는 것이 아니라, 각 세포마다 개별적인 원자로처럼(또는 생각하기에 따라 풍선처럼) 작용 해 내부의 압력과 가스를 유지할 가능성이 더 높다.

이런 경우 티핑을 피할 수 있는 방법은 무엇일까? 목표는 로스팅 중 압력 형성을 줄이는 것이다. 압력 형성을 줄이는 방법 중 하나는 1차 크랙(압력이 일부 빠져나간다.) 까지의 속도를 줄이는 것이다. 1차 크랙에 천천히 도달하면 압력이 좀 더 천천히 배출 되어 티핑 위험이 줄어든다. 압력이 줄어든 것은 커피콩의 부피 증가로부터 확인할 수 있다. 로스팅을 빨리 진행하면 압력이 더 많이 쌓이고 수분이 더 많이 유지되며 부피 가 더 크게 증가한다. 로스팅이 느린 방식에서는 더 건조하고 부피 팽창이 적은 커피 콩이 나온다.

하지만 시간이 지나면서 나는 커피콩 전체가 아니라 커피콩의 개별 부위에 더 초 점을 맞추게 되었다. 〈커피 로스팅 과정 중 열과 물질 이동에 대한 수치 모델〉* 같은 과학 저널 논문을 보면, 커피콩이 열 에너지를 균일하게 받지 않는다는 사실을 알 수 있다. 커피콩의 끄트머리는 중심부보다 훨씬 더 많이 가열되는데 이는 커피콩의 형태와 두께 때문이다. 이는 곧 커피콩의 끄트머리는 물리적 특성으로 인해 로스팅 중 티핑이 일어나기 더 쉽다는 뜻이다. 이 내용을 이해하기 위한 나의 새로운 접근 방식은 커피의 밀도가 감당할 수 없을 정도로 너무 빨리 가열하기 때문에 커피가 타 버린다는 것이다.

여기서 주목할 내용은 대류열 에너지 전달이 커피콩 중심부보다 바깥 부분에 더 많은 열에너지를 공급하는 방식으로 일어난다는 것이다. 커피콩 바깥에 열에너지가 적게 가면, 티핑은 일어나지 않을 것이다.

반면 이런 접근법에서 다시 생각해 볼 부분은 커피의 물리적 특성을 너무 광범위하게 적용했다는 점과 티핑 해법이 초보적이라는 것이다. 커피의 물리적 특성을 너무 광범위하게 적용한 것은 커피의 밀도와 경도에 대해 배운 것을 앵무새처럼 되뇌었기 때문이다. 나는 밀도가 높은 커피는 고지대 커피와 동의어라고 생각했다. 이런 고지대 고밀도 커피는 티핑이 일어나지 않는다. 해당 커피의 물리적 구조가 저지대 저밀도 커피에 비해 튼튼하기 때문이다. 그러므로 열을 더 많이 견딜 수 있고 로스팅 결함은 적게 나타난다.

이런 경우에 티핑을 피하는 방법은 과거에 했던 접근법과 동일하다. 티핑이 일어날 가능성을 감지했다면, 좀 더 천천히 로스팅할 필요가 있다. 속도를 늦추면 커피에 가해지는 열이 줄어 커피콩의 끄트머리에도 이전보다 열이 덜 가해지므로 티핑을 방지할 수 있다. 다시 말하지만, 매우 단순하고 초보적인 접근법이지만 내 경우에는 효험이 있었다. 만약 그래도 티핑이 생긴다면, 1차 크랙까지의 시간을 좀 더 줄여 보자.

티핑을 피하기 위해 로스팅 속도를 늦춘다는 개념에는 주의할 점이 있다. 저지대

- Fabbri et al., "Numerical Model of Heat and Mass Transfer during Roasting Coffee Using 3D Digitised Geometry."

커피인 브라질 세하도를 로스팅한 경험에 따르면, 아무리 천천히 로스팅해도 티핑이 한두 개 정도 나왔다. 가끔 1차 크랙을 10분 30초에서 11분까지 늦춰 봤는데(나는 이 정도면 길다고 생각하지만 표준이라는 말 또한 옳다.) 여전히 티핑이 발생했다. 그래서 나는 결정을 내려야 했다. 로스팅을 길게 끌어서 커피가 더 좋아졌나? 아니면 약간의 티핑이 발생했을 때보다 더 나빠졌나? 어떤 커피의 경우 티핑을 피할 수 없다는 사실을 인정할 수밖에 없는 순간이었다.

> "티핑은 로스팅의 모든 단계에서 일어날 수 있으며 종종 커피콩이 노란색으로 변하기 전에 징후가 나타나기도 한다."

티핑에 대한 나의 입장을 깔끔하게 요약하면 다음과 같다. 나는 처음에 티핑이 생기는 이유는 커피를 통과하는 열에너지와 공기 흐름이 커피를 빠져나가며 커피콩 끝부분이 타 버리기 때문이라고 배웠다. 그러나 과도한 건조, 가열, 너무 빠른 로스팅 또한 티핑의 원인이 될 수 있다. 또한 티핑은 로스팅이 끝날 때에도 일어난다. 그래서 나는 적합한 이론은 취하고 그렇지 않은 것은 버리면서, 티핑은 커피콩이 감당할 수 있는 것보다 내부 압력이 더 강하게 형성될 때 발생한다고 생각을 바꿨다. 여기서부터 나는 커피콩 중 취약한 부분에 너무 높은 열이 가해지면서 타 버리는 것이 티핑의 큰 원인이라고 보게 되었다. 내가 진행한 모든 교육에서 더 긴 로스팅 곡선을 계획해서 티핑이 생기지 않도록 로스팅 속도를 늦추라고 조언했다. 내가 교육 초창기 때 가르쳤던 또 다른 요소(지금도 이를 고수한다.)는 티핑은 로스팅의 모든 단계에서 발생할 수 있고, 종종 티핑의 징후는 로스팅이 끝날 때가 아니라 커피콩이 노란색으로 변하기 전에 나타난다는 점이다.

갈라파고스 세트

나는 요즘 이터레이션 세트를 만드는 중인데, 이 작업은 나의 커피 이력에서 의미가 크다. 이 프로젝트를 위해 처음으로 로스팅이 즐거운 커피, 흥미로운 커피, 나와 함께 공부하면 좋을 커피를 구매하는 데 집중했다. 이제 1년이 넘었는데, 이 글을 쓰는 시점에서 13번째 세트를 예약 판매 중이다.

카라벨라 커피Caravela coffee의 제임스 깁스James Gibbs가 갈라파고스산 커피가 있다고 말했을 때 나는 흥미를 느꼈다. 솔직히 나는 당시에 갈라파고스에서 커피를 재배한다는 사실조차 몰랐다.

그런데 그가 보내 온 작년 샘플은 정말 훌륭했고, 내가 구매한 오퍼 샘플도 마찬가지였다. 부르봉과 티피카의 블렌드였는데, 놀라운 점은 재배 고도가 겨우 250m라는 점이었다! 내가 그때까지 로스팅했던 그 어떤 커피보다 낮은 고도였다. 이 한 가지만으로도(그리고 제임스가 알려 준 몇 가지 주의사항) 이 커피가 호락호락하지 않을 거라는 예감이 들었다.

갈라파고스 커피 정보

- **국가:** 에콰도르
- **지역:** 갈라파고스 섬, 이슬라 산타 크루스
- **농장 고도:** 해발 250m
- **재배종:** 티피카, 부르봉
- **가공:** 전통적으로 마이크로 밀에서 워시드로 가공. 발효는 내추럴로 14~18시간 진행.
- **수확시기:** 1차 12~2월, 2차 7~9월
- **수분 함량:** 10.6%
- **밀도:** 배수량으로 1188g/L, 100mL 용량 실린더에 담아 잰 경우 688.9g/L, 이퀄리브리엄 마스터 로스터스 Equilibrium Master Roasters 건조 밀도 튜브에서 쟀을 때 711g/L

이 커피의 밀도 측정값을 다른 커피와 비교해 보면 갈라파고스 커피는 밀도가 높은 편이었다. 최근 로스팅했던 케냐 커피보다도 밀도가 높았다! 첫 번째 충격이었다. 나는 일반적으로 저지대 재배 커피가 고지대 재배 커피보다 밀도가 낮다고 배웠고 나 또한 그렇게 가르쳤다. 하지만 이것이 언제나 맞는 건 아니었다. 일부 연구에 따르면, 고지대 커피는 커피나무가 씨앗을 다양한 성분으로 채우는 데 시간이 많이 걸리기 때문에 밀도가 더 높다고 한다.* 그러나 세심하게 그늘재배를 하거나, 혹은 다른 기후 변수가 있으면 재배 기간과 결실 기간을 비슷하게 늘릴 수 있다. 따라서 재배 고도가 높으면 밀도가 높다는 말은 일반적으로 타당하지만 예외도 존재한다. 어쨌든 나는 고밀도 커

- B.K et al., "Effect of Different Altitudes in Qualitative and Quantitative Attributes of Green Coffee Beans (Coffea Arabica) in Nepal" 2021.

피는 결점두 발생의 위험 없이 로스팅 중의 열을 감당할 수 있고 로스팅 선택지도 다양하다고 배웠고 믿어 왔다.

이와 반대로, 저밀도 커피는 더 온화하게(즉 천천히) 로스팅해야 하고, 빠른 로스팅에서는 발현이 그다지 잘 되지 않을 것이다. 갈라파고스 커피는 밀도가 상당히 높으니까 다양한 방식으로 로스팅해도 좋은 결과가 나올 것이라 생각했다. 하지만 그것은 틀린 생각이었다.

이 커피를 처음 로스팅할 때 나는 매우 조심스러웠기에 가장 익숙한 방식을 선택했고, 다행히 운이 좋았다. 커피 맛은 훌륭했다. 복숭아/감, 캐러멜, 버터 느낌이 있었다. 그런데 다른 로스터(아일리오 불릿 로스터)로 이 커피를 볶았더니 상당히 골치 아픈 결과물이 나왔다. 중요 구간의 시간 진행은 동일하게 했고, 발현 시간도 같았으며, 배출 시점의 원두와 분쇄 커피의 색상도 같았다. 그러나 커핑 결과 탄 느낌과 로스티한 향미가 났다. 혹시나 하고 확인해 보니 역시 티핑이 있었다. 아일리오 로스터는 팬 속도를 적당히 설정해도 너무 많은 공기가 이동하는 것 같았다. 나는 SCAA에서 입소문으로 전해 내려온 이야기가 사실이고, 너무 과도한 공기 흐름이 티핑을 발생시킨 것이 아닐까 걱정했다. 그래서 나는 1회차 세트 로스팅에서 공기 흐름을 보통보다 낮게 설정했다. 그러나 그 결과물은 형편없었다. 다음 아일리오 로스팅 2회차와, 전통식 드럼 로스터로 로스팅한 1회차를 커핑해 보니 로스티하고 매캐한 향미가 가득했다. USRC 로스터에서는 로스팅 중에 티핑이 일어나는 것을 감지했기 때문에 1차 크랙에 도달하는 시점까지 각각 빠르게, 느리게, 보통 속도로 시도했다. 1차 크랙까지 걸린 시간은 각각 8분, 12분, 10분이었다. 그런데 이런 로스팅 결과물 전체에서 여지없이 티핑이 발생했다.

받아들이기 쉽지 않은 결과였다. 맨 처음 로스팅한 것은 성공이었는데 말이다. 이카와 로스터를 사용해 볶은 샘플은 환상적이었다. 도대체 무슨 일이 일어난 걸까? 그래서 나는 다시 아일리오 로스터를 이용해 원점으로 돌아가 정반대로 접근했다. 공기 흐름을 F10까지 높여 로스팅했더니, 로스티하고 탄 느낌이 사라진, 깔끔하고 달콤하면서 매우 기분 좋은 느낌의 커피가 나왔다. 그제야 안심이 되었고 이 접근 방식에 엄청난 가능성이 있다고 느꼈다. 나는 USRC 로스터로 돌아와 처음 했던 방식으로 로스팅하되 공기 흐름은 로스팅 내내 100%로 잡았다. 그러자 USRC에서의 결과물 또한 불릿 로스터와 동일하게 나타났다. 커피는 맛있고 달콤했으며 나쁜 향미는 전혀 없었다.

해법

이 해법은 아주 낮은 고도에서 생산한 아라비카 커피콩을 로스팅할 때는 공기 흐름을 빠르게 설정하라는 의미인 것 같다. 그 이유는 무엇일까? 이럴 땐 특정 로스터에서 효과가 있었던 방법을 살펴보는 것이 좋다. 물론 여러 로스터에서 다 통하는 방법을 찾는 것이 가장 좋겠지만, 공유할 가치가 있는 정보인지 알려면 우선 이런 일이 왜 일어나는지를 이해해야 한다. 그래서 나는 크롭스터Cropster 프로그램의 그래프를 살피고 모든 로스팅을 서로 비교하며 커피에 어떤 일이 일어났는지를 유심히 살폈다. 그러자 확실한 차이가 눈에 들어왔다. 왜 그것을 진작 알아보지 못했나 자책할 정도였다. 그것은 유입 공기 온도였다.

내가 자책했던 이유 중 하나는 이 세트의 2회차 로스팅에서 유입 공기 온도를 371℃로 고정했기 때문이다. 첫 번째 커피를 로스팅할 때는 나타나지 않았던 티핑이 그날 일찍 나타났기 때문에 이 방법을 택했다. 그래서 나는 갈라파고스 로스팅 첫 번째 배치부터 유입 온도를 가장 높게 설정했고, 이를 "안전한 유입 영역"으로 사용했다. 그것 하나 충분히 낮게 설정하지 않았을 뿐인데……. 나는 이유를 완전히 이해하지 못한 채 일반적인 해결책을 찾으려고 했던 것이다. 내가 제대로 설정했더라도 로스팅 시간이 너무 길었기 때문에, 나는 공기 흐름과 유입 온도가 너무 낮다고 느꼈을 것이다.

나를 포함해 로스터에게 대류는 기묘하면서도 어려운 개념이다. 흥미로운 예를 들어보자면, 드럼 회전 속도를 높이면 대류는 증가한다. 그런데 공기 흐름을 줄여도 대류가 증가할 수 있다. 여기서 이 글의 핵심 내용이 나오는데, 커피 로스터는 매우 뜨거운 공기를 천천히 공급할지 아니면 적당히 뜨거운 공기를 빨리 공급할지 선택해야 한다. 두 경우 모두 커피콩에 열을 상당량 공급할 수 있지만, 공급 방식이 다르다. 특히 커피 끄트머리 부분에 원두가 감당할 수 있는 한도를 초과하는 열에 노출되면 더 많은 티핑이 일어날 수 있다.

여기에도 약간 흥미로운 지점이 있다. 공기 흐름을 높이면 공기가 드럼 공간 내에서 머무르는 시간은 줄어든다. 그러면 커피가 같은 양의 뜨거운 공기를 만나는 시간이 줄어들고 그만큼 뜨거운 공기로부터 에너지를 많이 빼앗을 수 없으므로 배기 온도는 더 높아진다. 그래서 유입 공기 온도가 낮아지고 공기 양이 증가하면서 결과적으로 배기 온도는 높아진다. 이때 유입 공기 온도 데이터가 있으면 큰 도움이 된다. 만약 이 데이터를 구할 수 없었다면 실제로 어떤 일이 벌어지는지, 왜 그렇게 작동하는지에 대해 관련성을 알아내지 못했을 것이다.

나는 아주 높은 품질의 커피를 로스팅하면서 이런 사실을 알게 됐다. 나는 보통 해발 250m에서 재배한 커피는 다루지 않는다. 그런데 내가 다루었던 저지대 커피 중에 이렇게 밀도가 높은 것은 드물었다! 이것은 나의 로스팅 패러다임이 완전하지 않고 누락된 부분이 있다는 것을 보여준 사례다. 물론 "규칙"에 예외가 있다고 해서 앞서 이전 접근법의 유효성이 모두 사라지는 것은 아니다. 다만 이런 예외는 내가 갖고 있던 기본 가정이 틀렸음을 보여준다. 나는 지금도 파푸아 뉴기니의 마라고지페 품종 세트에 이 방법을 사용하며 여전히 잘 작동한다. 이전까지 나는 마라고지페 품종에서 생기는 티핑 때문에 자주 골치를 앓곤 했다.

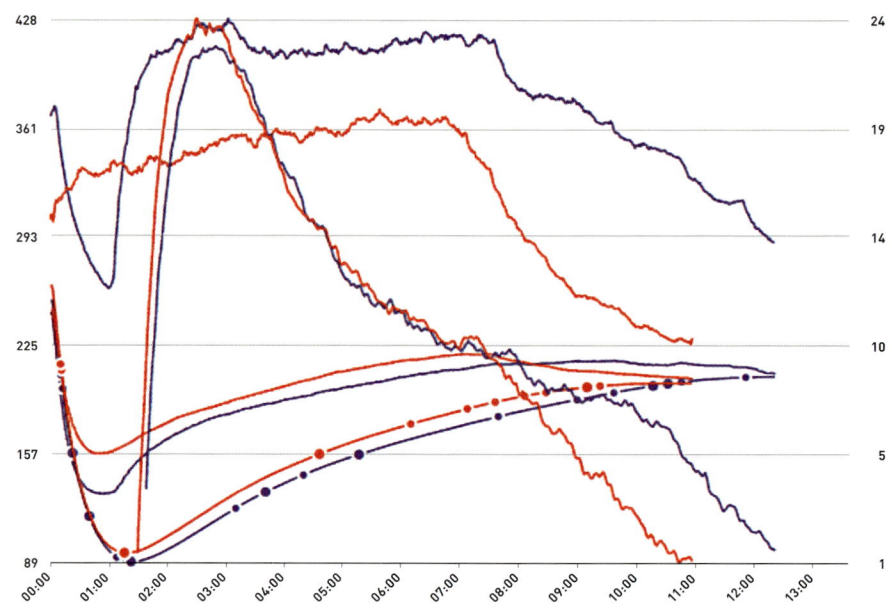

Modulation chart

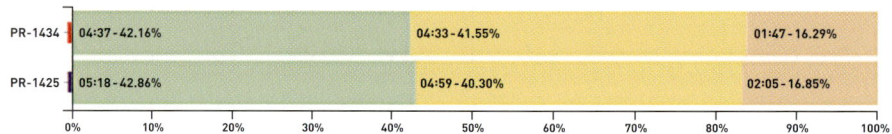

빨강 선은 5회차, 파랑 선은 1회차 시도를 나타낸다. 빨강 선의 유입 온도가 낮고 배기 온도는 높으며 이때 티핑 발생량은 적었다는 점에 주목하자. 103페이지 표는 1, 5회차 로스팅을 참조한 것이다. 이 또한 확인하자.

티핑이란?

이 장에서는 티핑에 대해 내가 알고 있는 것, 티핑이 왜 일어나는지, 어떻게 피할 수 있는지에 대해 설명하겠다. 다만 이미 몇 번 말했지만, 어디까지나 현재 기준 내가 알고 있는 것들에 한해서다. 새롭고 더 정확한 정보가 나타난다면 언젠가는 바뀔지도 모른다.

티핑의 형태는?

티핑은 비교적 찾아내기 쉽다. 커피의 배아를 덮은 부분의 색이 더 거므스름하거나 검은 분화구 모양을 한 것도 있다.

배아 부분이 불룩해졌거나 눈에 띄게 변색된 사례 또한 확인하자. 이를 참조하면 특정 커피에서 티핑이 일어날 가능성이 어느 정도인지 확인하는 데 도움이 될 수 있다. 나는 이것이 일종의 경고라고 생각한다.

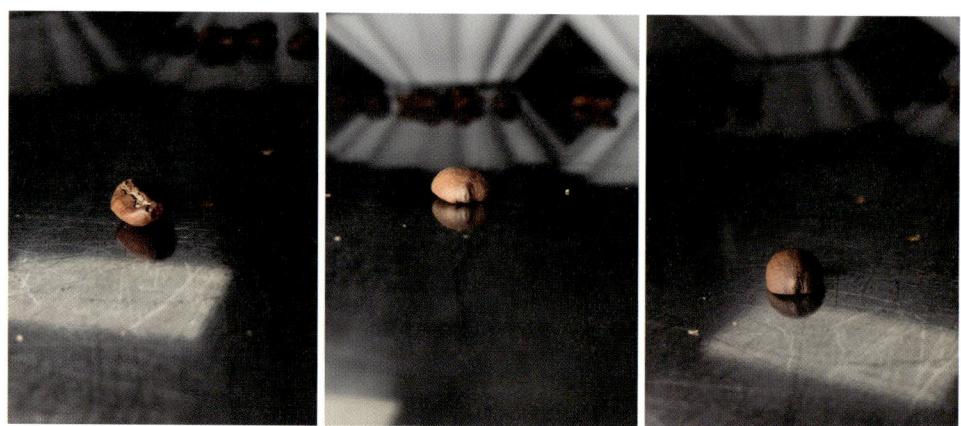

(왼쪽에서 오른쪽 방향) 파인 모양, 티핑, 불룩한 모양의 결점두

아주 초기부터 티핑 징조가 있음을 알 수 있다. 이 로스팅은 고지대 콜롬비아산 워시드 커피로 티핑이 일어 나게끔 의도적으로 진행했다.

티핑은 언제 일어날까?

티핑은 로스팅 중 언제라도 일어날 수 있지만 대부분은 로스팅이 끝날 때 티핑이 일어났음을 감지한다. 그렇지만 티핑이 로스팅이 끝나는 시점에만 발생하는 것은 아니다. 나는 로스팅 과정 중 커피가 연녹색으로 변하는 초반부터 티핑 징조를 확인한 적도 있다. 이런 부분은 점차 악화되어 마지막 결과물에서는 명백한 결함으로 나타났다. 요즘은 온도 측정에 방해가 된다고 생각하거나, 커피를 실온에 노출시킬까 봐 로스팅 중 샘플러를 확인하지 않는 경향이 있다. 나는 이런 경향이 스코칭, 티핑 초기 징조를 빨리 알아차리지 못하게 하는 것 같다.

티핑은 왜 일어날까?

티핑은 커피콩의 물리적 모양과 그것이 열 전달에 영향을 미치는 방식 때문에 발생한다. 앞서 언급했듯이 이는 커피콩의 두께 차이로 인해 로스팅 중 커피콩의 끝부분이 커피콩 중심부보다 더 많이 가열되는 것과 관련이 있다.* 중심부까지 온도가 올라가려면 열 확산이 더 많이 돼야 하므로 시간이 더 걸린다. 하지만 끝부분은 더 얇고 열이 커피콩 전체를 데우기 위해 이동할 거리도 더 짧다. 그래서 끝부분은 열 확산이 적게 필요하고 더 빨리 가열된다.

티핑이 발생하는 커피가 있는 반면 그렇지 않은 커피도 있는 것을 보면, 물리화학적으로 뭔가 다른 점이 있는 것 같다. 티핑은 커피를 재배한 고도와 직접적인 관계가 있는 듯하다. 앞서 설명한 부분을 다시 살펴보자. 나는 예전에 티핑이 저지대에서 자라서 밀도가 낮은 커피에서 일어난다고 잘못된 주장을 했다. 어느 정도는 맞을지도 모른다. 하지만 갈라파고스 커피는 밀도가 매우 높은데도 티핑이 엄청나게 발생했다. 이

---

* Fabbri et al., "Numerical Model of Heat and Mass Transfer during Roasting Coffee Using 3D Digitised Geometry."

는 티핑이 일어나는 원인이 밀도보다는 재배 고도와 관련이 있을 가능성이 높다는 것을 말해 준다.

티핑의 생리학적 원인은 무엇인가?

나는 재배 고도에 따른 커피의 차이를 조사해 왔다. 그리고 내가 했던 것보다 훨씬 전문적이고 연구해 볼 만한 흥미로운 내용 몇 가지를 발견했다. 가능성 있는 것 중 하나는 씨앗의 발아 과정이 시작되면서 배아를 덮은 부분이 약해졌다는 의견이다.* 배아를 덮은 부분이 약해졌다면 다른 부분에 비해 열에너지가 이쪽에 더 큰 피해를 입히는 현상을 설명할 수 있을 것이다.

또 다른 가능성으로는 저지대 커피와 고지대 커피 사이에 발아율 차이가 있다는 점이다. 어떤 자료는 고지대에서 자란 커피는 발아율이 더 좋다고 설명한다.** 이 말이 사실이라면 아직 발아력을 유지하고 있는 씨앗은 로스팅 중 물리적 손상을 덜 입는지도 모른다. 어쩌면 퀘이커에서 티핑이 자주 발생하는 이유를 이것으로 설명할 수도 있다.

티핑은 어떻게 해결하는가?

다른 이들의 조언을 살펴보면, 티핑을 방지하기 위해 저마다 다양한 접근법을 시도한다. 윌렘 부트Willem Boot는 한 기고문에서 티핑을 가장 잘 피할 수 있는 방법은 드럼 속도를 줄이는 것이라 한다.*** 다른 기사에서는 투입 온도가 너무 높기 때문에 티

- Da Silva et al., "ABA Inhibits Embryo Cell Expansion and Early Cell Division Events During Coffee (Coffea Arabica 'Rubi') Seed Germination."
- Malau et al., "Germination Performance of Coffea Arabica L. Genotypes from Different Altitude, Precipitation and Temperature of Seeds Producing Farms in Sumatera Utara of Indonesia," December 7, 2018.
- Boot, "Coffee Roasting Defects and How to Prevent Them," November 26, 2021.

핑이 나타난다고 말한다.* 나는 예전에 티핑은 커피 로스팅을 너무 빠르게 하기 때문에 발생한다고 가르쳤다. 우리 모두는 눈 감고 코끼리 만지기를 해 온 것 같다. 자기가 발견한 일부 사실만으로 전체를 설명하려고 했다. 나는 갈라파고스 커피 실험을 통해 얻은 정보로 내가 놓친 부분을 찾아냈다. 문제는 유입 공기 온도다. 커피를 둘러싸는 유입 공기 온도를 내려야 한다.

예를 들어 윌렘 부트가 기센^{Giesen} 모델에 적용했던 접근법을 살펴보자. 내가 갖고 있는 소형 3kg 로스터도 드럼 위아래의 유입 공기 온도 차이는 100℃가 넘어가곤 한다. 드럼 회전 속도를 줄이면 커피는 드럼 내 아래쪽에 머무르게 된다. 그러면 커피는 가장 뜨거운 공기와 접촉하지 않을 테니 커피에 영향을 미치는 유입 온도를 낮춘 효과를 가져온다. 마찬가지로 커피 투입 온도를 낮추면(이후 설정한 조절 방식에 달려 있지만) 전체적으로 더 낮은 유입 공기 온도로 로스팅할 수 있으며, 티핑 문제를 줄이는 데 도움이 될 것이다. 기능적으로 티핑을 없애기 위한 접근법은 다양하다. 커피가 만나는 유입 공기 온도를 낮출 수만 있다면 말이다.

나는 이 글을 쓰면서 드럼 속도를 줄여 티핑을 없애는 시도를 충분히 해보지 않았다. 하지만 이론적으로 이 해법이 어떻게 작동하는지는 알 수 있다. 투입 온도를 줄이면 초기 유입 공기 온도가 낮아지기 때문에 티핑 문제를 줄이는 데 도움이 된다.(로스팅 도중 유입 공기 온도를 급상승시키지 않는다는 조건이 필요하다.) 티핑 문제를 해결하기 위해 내가 선택한 접근 방식은 팬 속도를 높이는 것이었다. 팬 속도를 높이면, 머신으로 공급되는 같은 양의 공기를 버너가 이전과 동일한 온도로 가열할 수 없기 때문에 유입 공기 온도는 낮아진다. 그러면 결과적으로 로스팅이 더 느리게 진행되고 이는 티핑에 대한 나의 이전 경험과 조언을 이해하는 데 도움이 될 것이다.

때문에 우리 로스팅 커뮤니티에는 유용한 열전대 측정값이 절실하다. 내가 조언

---

* Ospina, "Roast Defects & How to Recognise Them," December 1, 2020.

하는 드럼 온도계 세팅은 지름 1.5~3mm의 프로브(무접지식 K형, J형)로, 가능한 커피콩에 완전히 묻히는 위치에 설치해야 한다. 나는 이 온도계가 원두 배출구에 달려 있는 모습을 보면 마음이 놓인다. 그리고 지름 3mm의 프로브(무접지 K형, J형)를 호퍼와 드럼 사이 통로에 설치한다. 마지막으로 드럼으로 유입되는 가장 뜨거운 공기 온도를 측정하기 위해 드럼 뒤편 높은 쪽에 동일한 프로브를 설치한다. 이 부분을 측정하지 않으면 유입 공기 온도가 얼마나 높은지 알 수 없기 때문이다.

그러므로 티핑 결함을 방지하기 위해 가장 먼저 할 수 있는 일은 드럼으로 유입되는 열풍의 최고 온도를 측정하는 것이다. 두 번째로 할 일은 공기 온도를 계속 주시하는 것이다. 그러다가 티핑이 발생하기 시작하면, 유입 공기 온도를 참조로 로스팅 프로파일을 수정한다. 많은 분들이 알고 있듯이 로스터, 설정, 로스팅 환경이 매우 다양하기 때문에 티핑을 방지하기 위해 피해야 할 온도 범위를 확실히 규정하는 것은 거의 불가능하다.

티핑 측정을 시작하는 나의 방법

갈라파고스 커피에서, 공기 속도를 높여 유입 공기 온도를 낮추는 방식은 환상적인 효과가 있었다. 나는 커핑으로 그 차이를 알 수 있었지만, 좀 더 객관적인 방식으로, 티핑이 얼마나 많이 일어났는지를 추적하고 이를 커피 향미에 문제가 있는지 여부와 연관시키고 싶었다. 이를 위해, 나는 각 로스팅 배치에서 커피콩을 50개씩 가져다 세 가지 유형으로 분류했다. 첫 번째는 티핑이 일어난 커피로, 검게 타거나 탄 자국이 있는 원두와 터져 나간 원두를 골랐다. 두 번째는 배아를 덮은 부분이 돌출되고 검은색까지는 아니지만 변색된 커피다. 마지막으로 정상으로 보이는 커피콩이다.

103페이지 도표는 그 결과를 백분율로 나타낸 것이다. 여기서 티핑이 일어난 커피 수가 유입 온도가 높은 쪽에서 낮은 쪽으로 이동하면서 얼마나 극적으로 줄어들었는지를 알 수 있다. 노란색은 공기 속도는 낮고 유입 온도는 높은 것, 파란색은 유입 온도는 낮고 공기 속도는 높은 것이다. 도표의 결과는 나의 커핑 결과와 매우 잘 들어맞

회차#	티핑	돌출bulged	정상
1	50%	18%	32%
2	34%	32%	34%
3	42%	20%	38%
4	26%	34%	40%
5	26%	20%	54%
6	23.5%	23.5%	53%

이 표는 티핑, 돌출, 정상 커피콩의 비율을 나타낸다. 각 배치는 갈라파고스 박스 세트 커피로서 전통식 드럼 로스터로 로스팅했다.

았다. 모든 샘플에서 어느 정도 티핑이 일어나긴 했지만 티핑 개수가 향미에 영향을 미치지 않기 시작하는 임계치가 있는 것 같다. 갈라파고스 커피의 경우 나의 개인적인 취향은 5번 로스팅이었다.

대안

그렇다면 이제 어떻게 해야 할까? 다음 단계는 무엇일까? 아직 해결되지 않거나 제대로 이해되지 않은 부분은 무엇일까? 이 책은 과학책이 아니라 커피 로스팅 컨설턴트가 쓴 글이므로 고려해야 할 사항이 많다. 우선, 나는 커피 로스팅 커뮤니티의 피드백을 구한다. 저지대 커피를 로스팅할 때 유입 온도를 낮추라는 조언이 정말 도움이 되었는지 이야기를 듣고 싶다. 독자 여러분이 익명으로 피드백을 직접 남길 수 있도록 이 자료 마지막에 QR 코드를 덧붙였다. 내 조언이 다른 종류의 커피 로스터에서도 효과가 있는지 확인하는 데 도움이 될 것이다. 나는 3kg 용량의 USRC로스터와 1kg 용량의 아일리오 불릿 로스터로 실험했다. 다른 로스터에서도 제대로 될 거라 생각하지만, 해 보는 것이 확실하다.

로스팅 머신 간 차이에 대한 나의 궁금증 중 하나는, 아일리오 불릿 머신이 기능적으로 어떻게 작동하는가 하는 것이다. 나는 최선의 방법으로 드럼 뒤쪽의 유입 온도를 쟀는데 내가 측정한 유입 온도는 매우 낮았다. 오랫동안 배기 온도도 측정했는데 이 또한 상대적으로 낮았다. 나는 드럼이 커피에 과할 정도로 내부 공기를 국소적으로 가열하고 있다는 것밖에 모르겠다. 물론 100% 확신할 수 없다. 드럼의 금속 부분만 너무 뜨거웠다면 스코칭이 일어났을 텐데 그런 현상은 발견하지 못했다. 아마도 유입 온도를 재는 최적의 장소를 찾지 못했을 수도 있다. 이에 대해서는 더 연구가 필요한 것 같다.

로스팅 측면에서 더 많은 데이터를 수집하는 것이 또 다른 과제다. 샘플 세트는 내 상상력을 마음껏 펼치기에 충분한 양은 아니고, 갈라파고스 커피를 로스팅하기 전에는 티핑 개수를 센 적도 없다. 그래서 나는 앞으로 로스팅할 때 이 기록을 계속 작성해 나가려고 한다. 결국에 이 자료가 중요하고 가치 있는 데이터가 되기를 바란다.

향후 살펴볼 부분은 생두 자체에서 티핑에 취약한 생물학적 이유를 찾는 것이다. 왜 저지대 커피에서 티핑이 더 자주 발생한다는 말이 상식으로 여겨질까? 배아를 덮는 부분, 씨앗 발아율, 화학 조성, 물리 구조 등 어떤 차이가 티핑을 일으킬까? 이 중 어느 것도 원인이 아닐 수 있고 해답은 다른 곳에 있을 수 있다. 중요한 것은 로스터로서 저지대에서 생산한 훌륭한 커피를 세상에 더 잘 알릴 수 있도록 티핑을 피하는 유용한 전략을 찾아야 한다는 것이다. 농학적 원인에 대한 정확한 근거가 있다면, 커피를 '로스팅하기 쉽도록' 처리하는 것이 가능할 수 있다. 예를 들어, 커피가 발아를 준비하면서 배아를 덮은 부분이 약해지는 것이 문제라면 한 자료에서 언급했듯이 아브시스산 abscisic acid 같은 물질 처리를 하면, 배아를 덮은 부분이 약해지는 것을 방지할 수 있다.•

- • Da Silva et al., "ABA Inhibits Embryo Cell Expansion and Early Cell Division Events During Coffee (Coffea Arabica 'Rubi') Seed Germination," July 9, 2008.

결론

티핑은 대개 내가 한 시간 반 정도 진행하는 SCA 수업에서 가르치는 네 가지의 객관적 결함과 다섯 가지의 주관적 결함 중 하나에 불과하다. 그런데 나는 지금 아주 긴 글을 썼다. 티핑은 내가 반복해서 겪어 온 결함이고, 여러분 중 많은 사람들이 겪었을 것이다. 여러분이 아직 이를 적극적으로 확인하지 않았다면, 지금 바로 확인해 보기 바란다. 설명할 수 없지만 이상하게 로스티한 느낌이 든다면, 배아를 덮은 부분이 탄 커피콩들이 섞여 있을지 모른다. 티핑 같은 객관적 로스팅 결함은 존재하거나 존재하지 않거나 둘 중 하나이므로 명쾌하다. 로스티한 느낌이 지속되는데 티핑은 보이지 않는다면, 이제 치핑이나 페이싱, 혹은 프로파일상의 문제 등등을 살펴봐야 하는데, 그 가능성 역시 무한하다.

TL;DR :

위 내용을 압축해 한 문단으로 만들고 싶은 이를 위해 여기 정리해 본다. 과거에 내가 티핑 결함에 대해 배웠던 것, 그리고 티핑 방지하는 방법이라고 내가 가르쳤던 것은 정확하지 않다. 이 내용들은 더 유용한 쪽으로 교정될 필요가 있다. 현재 나는 티핑이 발생하는 주 원인이 과하게 뜨거운 공기가 커피콩에 영향을 미치기 때문이라고 생각한다. 뜨거운 공기는 특히 커피의 가장 취약한 끄트머리 부분에 영향을 주기 때문에, 씨앗의 가장 연약한 부분(발아가 일어나는, 배아를 덮는 부분)을 손상시킨다. 이런 물리적 취약성은 커피를 재배하는 고도와 관련이 있지만 커피콩의 밀도와는 관련이 없어 보인다. 투입 온도를 낮추거나, 드럼 속도를 줄이거나, 로스팅 속도를 좀 더 느리게 하는 접근법은 커피콩이 뜨거운 공기에 노출되는 정도를 제한하는 효과가 있다. 그러나 보다 직접적인 해법이 있다. 내가 집중한 실험은 공기 속도를 빠르게 해서 유입 공기 온도를 낮추는 방법이었다. 그랬더니 자주 티핑이 발생하던 일부 커피에서 큰 성과가 있었다. 나는 이 방법으로 티핑이나 나쁜 향미 없이 커피를 빠르게 로스팅할 수 있었다.

몇 가지 제안

1. 로스팅할 때 샘플러를 확인하자. 두려워할 이유가 전혀 없다. 커피에 영향을 미칠 가능성도 없고, 티핑이나 스코칭 등 커피의 향미에 큰 영향을 미칠 수 있는 로스팅 결함을 잡아내는 데 도움이 된다.

2. 유입 공기 온도를 측정할 열전대 온도계를 장착하자. 눈에 보이지 않는 것은 어찌할 도리가 없다. 데이터가 있으면 여러분이 잠재적인 문제를 파악하는 데 도움이 될 것이다. 이 데이터는 투입 시점이나 배치 간 프로토콜(BBP$^{\text{Between Batch Protocol}}$) 등에도 도움이 된다.

3. 티핑이 발생하는 커피라면 팬 속도를 높이거나 댐퍼를 열어서 유입 공기 온도를 내려 보자. 연기나 채프를 더 많이 배출하기 위해서가 아니라 유입 공기 온도를 내리기 위한 방법이다.

티핑에 대해 이야기해 봅시다.

이 프로젝트에 대한 여러분의 경험을 듣고 싶다. 이메일 주소를 남기면 업데이트할 때마다 이메일을 보내 주겠다. 시간을 내서 읽어 주어 고맙다.

REFERENCES:

B,K, Kamal, Bibek Acharya, Arvind Srivastava, and Madhav Pandey. "Effect of Different Altitudes in Qualitative and Quantitative Attributes of Green Coffee Beans (Coffea Arabica) in Nepal." International Journal of Horticulture, Agriculture and Food Science 5, no. 3 (2021): 1–7. https://doi.org/10.22161/ijhaf.5.3.1.

Da Silva, E. A., Peter E. Toorop, André A. Van Lammeren, and Henk W. Hilhorst. "ABA Inhibits Embryo Cell Expansion and Early Cell Division Events during Coffee (Coffea Arabica 'Rubi') Seed Germination." Annals of Botany 102, no. 3 (2008): 425–33. https://doi.org/10.1093/aob/mcn112.

Fabbri, Angelo, Chiara Cevoli, Santina Romani, and Marco Dalla Rosa. "Numerical Model of Heat and Mass Transfer during Roasting Coffee Using 3D Digitised Geometry." Procedia Food Science 1 (2011): 742–46. https://doi.org/10.1016/j.profoo.2011.09.112.

Malau, S, A Siagian, B Sirait, and H Ambarita. "Germination Performance of Coffea Arabica L. Genotypes from Different Altitude, Precipitation and Temperature of Seeds Producing Farms in Sumatera Utara of Indonesia." IOP Conference Series: Earth and Environmental Science 205 (December 7, 2018): 012013. https://doi.org/10.1088/1755-1315/205/1/012013.

Ospina, Angie Katherine Molina. "Roast Defects & How to Recognise Them." Perfect Daily Grind, December 1, 2020. https://perfectdailygrind.com/2017/03/6-common-roast-defects-how-torecognise-them/.

Silva, E. A. A. da. "Exogenous Gibberellins Inhibit Coffee (Coffea Arabica Cv. Rubi) Seed Germination and Cause Cell Death in the Embryo." Journal of Experimental Botany 56, no. 413 (January 24, 2005): 1029–38. https://doi.org/10.1093/jxb/eri096.

Willem Boot, "Coffee Roasting Defects and How to Prevent Them," Giesen Coffee Roasters, November 26, 2021, https://www.giesen.com/coffeeroasting-defects-and-how-to-prevent-them/.

부록: 공기 흐름

커피 로스팅에서 '공기 흐름'이라는 개념은 잘못 이해되는 경우가 많다. 그러므로 나는 공기 흐름이 일반적으로 어떻게 작용하고 몇 가지 예외 사항은 무엇인지 간략히 살펴보려 한다.

110페이지 그림과 같은 (나의 3kg 용량 USRC에 해당) "전통적 드럼 로스터"들은 공기 흐름이 "G"라고 표기한 드럼 뒤편으로 들어간다. 여기서 실온의 공기는 열원(H)의 열을 받아 가열된 뒤에 다음 구역으로 넘어간다. 드럼 내 공기는 층이 나뉘는데, 낮은 온도의 공기는 아래쪽에, 뜨거운 공기는 위쪽에 있다. 나의 3kg 용량 로스터의 경우 드럼 바닥 부분의 유입 온도와 맨 윗부분 유입 온도 차이는 거의 100℃에 달했다. 심지어 드럼 바닥 부분은 불꽃과 가까운데도 말이다. 이 뜨거운 공기는 이제 드럼(C) 내부를 통과해 통로(B)쪽을 거쳐 배기관(F)으로 이동해 순환 공기 팬(L, K)으로 향한다. 이 팬은 공기를 로스터에서 배출시킨다. 111페이지 그림에서 이를 화살표로 나타냈다.

다만 "로스터에서 공기를 배출시킨다"라는 간단한 문장처럼 더 이상 공기에 대해 신경 쓸 필요가 없다는 의미는 아니다. 배기관 지름, 배기관이 굴절되는 횟수, 배기관의 길이나 높이, 배기관 청결도 등이 공기 흐름에 다양한 문제를 일으킬 수 있다. 이는 모든 커피 로스터의 "배기관 연결" 설정이 로스터의 작동 성능에 큰 영향을 미칠 수 있음을 의미한다. 공기 흐름이 너무 느리거나 유입 공기 온도가 높아지는 일부 문제는 로스팅-배관 시스템의 역압으로 인해 발생할 수 있다. 이로 인해 공기 흐름에 제약이

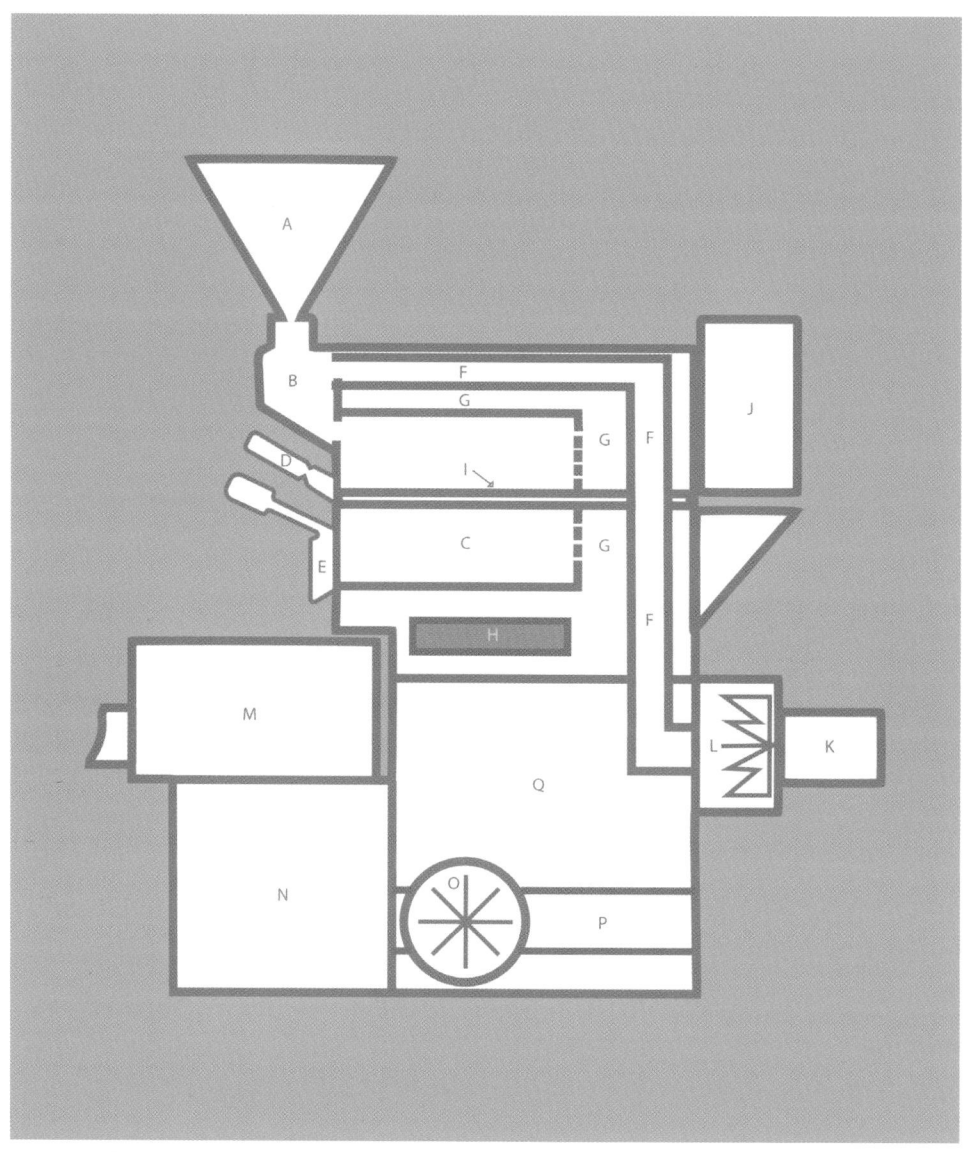

생기거나 공기 흐름이 느려져, 의도적으로 공기 흐름을 낮춘 것처럼 작동한다.

111페이지에 "전통식 드럼 로스터"인 A와 디드릭Diedrich 모델인 B의 공기 흐름을 볼 수 있다. B에서는 공기 흐름이 역전된 모습이 나온다. 유입 공기(드럼으로 들어가는

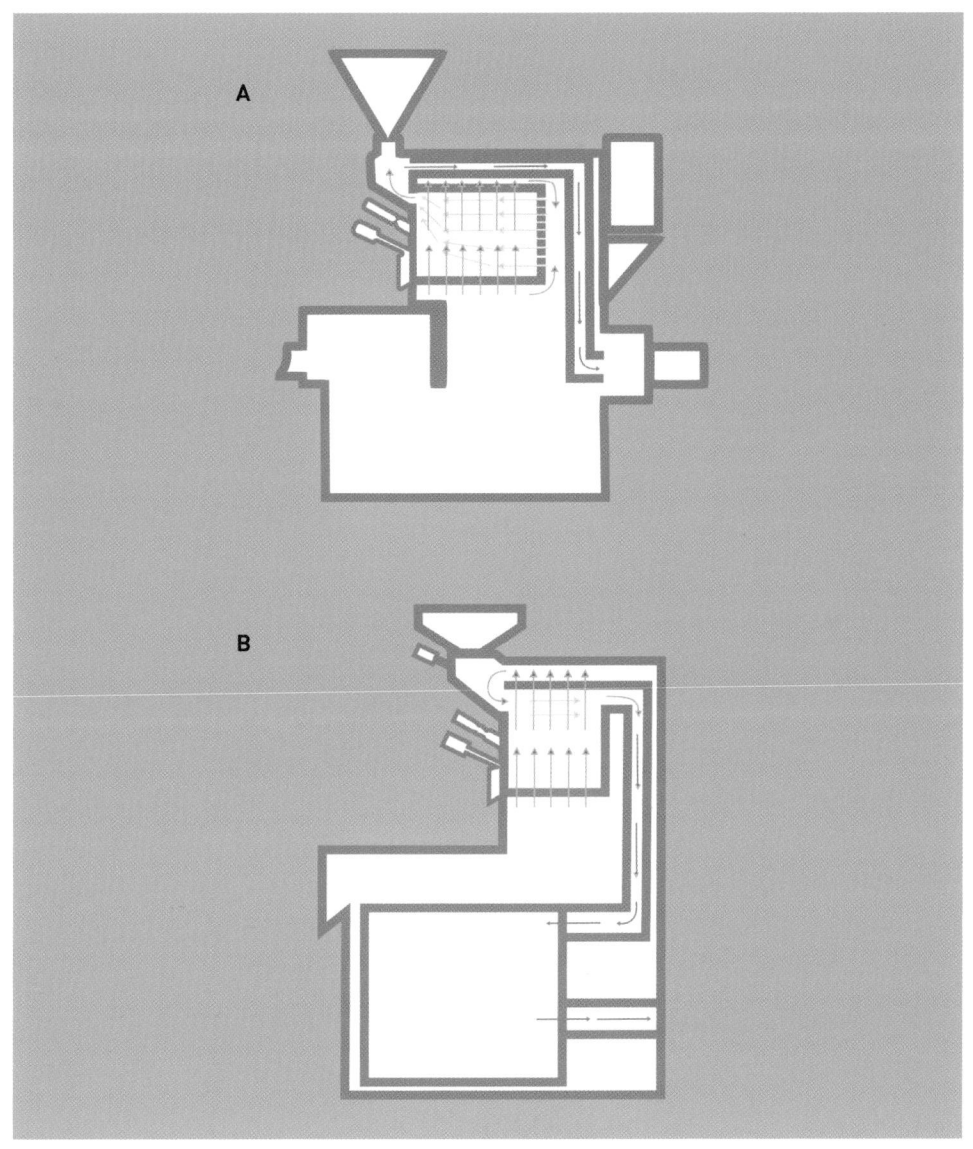

공기)는 기계 앞쪽 통로를 타고 들어가고, 배기구는 기기 뒤쪽에 있다. 이런 방식은 뜨거운 유입 공기가 더 균일할 가능성이 있긴 한데, 이는 장점도 단점도 아닌 특성일 뿐이다.

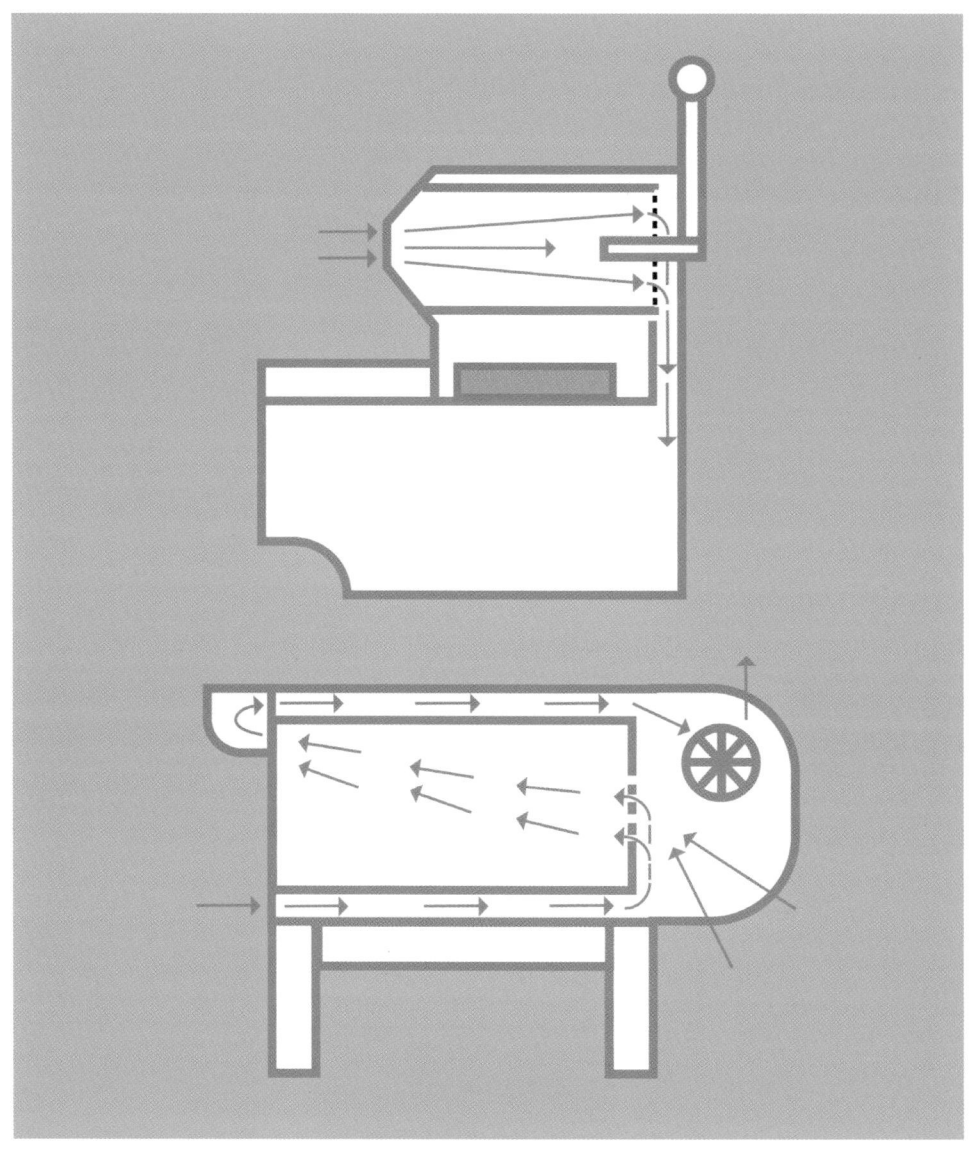

위 그림에서 프로밧 BRZ 모델(샘플 로스터), 자베스 번즈Jabez Burns 샘플 로스터 및 유사 디자인에서 등장하는 전통식 배럴 로스터의 공기 흐름을 볼 수 있다. 이런 로스터의 특성 중 하나는, 상온의 차가운 공기만 기기 내부로 들어온다는 것이다. 아일리오 불릿 모델은 가열된 드럼을 따라 유입되는 공기와 로스터 뒤쪽 통풍구를 통해 유입되는 실온의 차가운 공기가 혼합된다. 전통식 드럼 로스터와 배럴 타입 샘플 로스터의 장점을 결합한 방식이다.

앞에서 언급했듯이, 아일리오 불릿 모델은 유입 공기 온도가 USRC 모델만큼 과하게 높지 않다. 하지만 드럼이 너무 과열되어 주변의 공기가 뜨거워지면 티핑을 유발한다. 따라서 나는 공기 흐름을 높이면 공기를 식히는 데 도움이 된다고 생각한다. 하지만 이는 내 추측일 따름이다. 배럴 형태의 샘플 로스터에서 티핑이 발생한다면 이론적으로는 비슷한 상황이라고 볼 수 있다. 화력을 줄이거나 유입되는 차가운 공기 흐름을 늘리면(둘 다 가능) 티핑이 일어나지 않을 것이다. 이런 유형의 로스터에서 드럼 내부 공기 온도(배기 온도)를 낮추는 것이 티핑을 줄이는 데 도움이 될 것이다.

이제 로스터를 통해 공기가 어떻게 이동하는지, 그리고 로스터로서 선택한 조절 방식이 결과에 미치는 영향을 생각하자. 배기 온도가 낮아졌다고 유입 공기 온도가 낮아졌다는 의미는 아니라는 점을 기억하자. (내가 쓰는 로스터는 정반대였다.) 또한 드럼 속도는 공기 흐름과 대류에 중요한 영향을 미친다는 점에 유의하자. 마지막으로 장비 설정에 어려움을 겪고 있다면, 언제든지 컨설턴트를 통해 전문가의 도움을 받을 수 있다는 점을 기억하자.

PART 3

다크 로스팅 탐구

한때 나는 다른 사람들이 내가 생각한 방식으로 커피를 즐겨야 한다고 생각했다. 미숙한 시절의 나를 만났던 이들에게 이 책을 바치고 싶다. 아직도 완전히 철이 들었다고는 할 수 없지만, 나는 지금도 성장하고 있다.

배경

우리 업계는 소셜 미디어라는, 같은 말만 반복하는 도구를 통해 거짓말을 한다. 우리 산업이 강배전 덕에 세워진 건 아니라고 스스로를 속인다. 나는 전 세계 많은 이들의 '소셜 미디어를 보면 커핑용보다 강배전으로 로스팅하는 사람은 자신뿐인 것 같다'는 하소연을 들어 왔다. 비밀이긴 한데, 내 생각에 스페셜티 커피 세계 사람들이 언제나 약배전 커피를 더 열심히 홍보하는 이유가 그저 멋져 보이려고 그런 것만은 아닌 것 같다. 그보다는 강배전 커피는 그냥 가만 놔둬도 잘 팔리지만 약배전 커피를 팔려면 그보다 네 배는 더 노력해야 하기 때문이 아닌가 싶다.

커피에 대한 나의 생각과 커피를 즐기는 나의 방식이 다른 많은 사람들과 다르다는 것을 알고 있다. 최근까지 나는 다소 불편한 허세를 부리곤 했다. 이는 주변 사람들에게 불쾌감을 줄 뿐만 아니라 커피의 맛, 질감, 스타일, 접근 방식에 대한 다른 세계와도 멀어지게 만들었다. 나의 이런 태도는 강배전이 어떤 역할을 하는지 이해하고 진지하게 탐구하는 데 전혀 도움이 되지 않았다.

이 책은 커피에 대한 나의 독설을 견뎌 주신 분들께 드리는 사과이자 대부분의 사람들이 커피를 마시는 방식을 존중하려는 시도다. 강배전은 로스터들의 농담거리가 되거나 하찮게 여겨질 만한 시시한 주제가 아니다. 강배전은 다른 배전도의 로스팅과 마찬가지로 엄격하고 의도적인 집중이 요구된다. 이제 나와 함께 커피의 다크 사이드를 탐구해 보자.

강배전 정의

이 글에서 말하는 '강배전'이란?

"여기서 논의하는 강배전은 2차 크랙에 도달하거나 그 이후까지 진행하는 모든 로스팅을 말한다."

나는 가끔 커피 업계가 "모든 것이 이미 결정되어 있고 네 의견은 중요하지 않다"고 말하는 것처럼 느껴질 때가 있다. 그리고 이것은 마치 "대체 이건 누구 대사야?"라는 오래된 쇼의 제목 같다. 배전도에 대한 표현 중에 유일하고 명확한 건 없다. 시티, 풀시티, 노르딕, 이탤리언, 프렌치도 다 그렇다. 내가 "강배전 커피"라고 할 때, 그것이 무슨 뜻인지 알아챌 사람은 아무도 없을 것 같다. 내가 여기서 정의하는 강배전은 2차 크랙에 도달하거나 그 이후까지 진행하는 모든 로스팅을 말한다.

아마 누군가는 그런 건 강배전이 아니라고 주장할 것이다. 나는 그렇게 말하는 사람이 있다는 점을 충분히 이해한다. 위에서 언급한 배전도는 내가 할 수 있는 가장 강한 수준의 로스팅은 아니다. 다만 내가 즐기는 커피 중에서는 가장 강한 로스팅이다. 그동안 주로 약배전과 초약배전 일색이었던 나의 이터레이션 박스 세트 Iteration Boxed Set를 위한 가장 좋은 시작 지점이기도 하다.

서로의 이해를 위해 강배전 커피를 객관적으로 정의하는 몇 가지 방법을 살펴보자. 1) 커피 로스팅 중 일어나는 물리적 현상 2) 완성된 커피의 색상을 색도계를 사용해 측정 3) 로스팅 후 중량 감소율을 측정 4) 로스팅 후 관능 평가를 하는 방법 등이 있을 수 있고 이 네 가지를 모두 수행할 수도 있다.

물리적 현상과 연계해 강배전을 정의한다는 것은 1차 크랙 또는 2차 크랙을 기준으로 로스팅을 언제 마치느냐의 문제다. 약배전은 1차 크랙 시작에서 끝 사이에 해당한다. 중배전은 1차 크랙 끝에서 2차 크랙 시작 사이다. 강배전은 2차 크랙 시작에서 2차 크랙 끝 사이다. 초강배전이라면 2차 크랙이 끝나고부터 커피에 불이 붙는 시점까지다. 커피에 불이 붙은 이후에는 아마 다른 이름을 붙여야 할 것이다. 그건 손해사정사가 이름을 붙여주는 게 맞다 싶다.

로스팅을 마친 시점의 색상을 살피는 것도 도움이 된다. 커피리뷰CoffeeReview.com는 원두의 애그트론Agtron 측정값으로 배전도를 평가하는데, 나는 이 방식이 합리적이라고 생각한다. (다만 커피리뷰의 약배전과 강배전에 대한 평가는 나와 무척 다르다.) 분쇄 커피의 색상 값을 읽는 방식도 있긴 한데, 분쇄 입자 크기 분포나 분쇄 크기 정도에 따라 달라지기 때문에 표준화하기 어려울 수 있다. 업계 표준을 설정하기 가장 쉬운 방법은 이런 변수를 버리고 원두 색상 값을 기준으로 삼는 것이다. 내 경우 강배전 커피는 애그트론 값이 50 이하인 것이다. 다만 이 기준에서 벗어나는 것도 있을 수 있다. 커피마다 화학 조성이 다르고, 그로 인해 색상이 어두워지는 정도가 다르기 때문이다. 어쨌든 50 이하 값으로 잡고 시작한다면 괜찮을 것이다.

무게 감소 비율로 판단하는 방법은 네 가지 중 가장 신뢰성이 떨어진다. 왜냐하면 이 비율은 배전도뿐만 아니라 로스팅 시간의 영향을 받기 때문이다. 그럼에도 무게 감소비로 배전도를 추정하기로 했다면 유용한 방법이 있다. 나는 무게 감소비 16~22% 수준을 강배전으로 본다. (물론 이 정도는 매우 넓은 범위다.) 예전에 내 웹사이트hoos.coffee에 16%를 중배전이라고 올린 적이 있는데, 지금도 그게 맞다고 생각한다. 통상 16~17% 수준은 과도기적 영역이라고 할 수 있는데, 만약 중배전을 원했다면 좀 강하게 로스팅된 것이고 보통 강배전보다는 약하게 로스팅한 정도다.

관능 면에서 강배전을 정의한다면 커피의 향미 프로파일이 바뀌는 지점이라고 할 수 있다. 일반적으로 커피 향미에 다크 초콜릿과 약간의 스모키 느낌이 시작된다. 스모키 느낌이 과도하게 주도적일 필요는 없지만, 애프터테이스트에는 존재해야 한다. 그게 없다면 중강배전 부류에 두는 것이 더 맞다. 나를 포함해 스페셜티 커피 업계의 많은 로스터는 "강배전"이긴 하지만 기름기는 없는 커피를 선보였을 때 긍정적인 결과를 얻었다. 그러나 간혹 이름은 "강배전" 커피지만 해당 로스터의 제품 라인업 내에서만 상대적으로 강배전인 경우도 있다. 강배전이라면 신맛은 약하거나 거의 없고 바디는 중간에서 그 이상까지 나와야 한다.

―

요약하자면 강배전 커피는 2차 크랙 또는 이를 넘어선 것으로 원두 색상은 애그트론 값 50에 상응하거나 더 어두운 색이고 무게 감소비는 16%을 넘어서며 관능 속성은 다크 초콜릿 중심에 스모키 느낌이 드러나기 시작하는 정도라고 할 수 있다.

패러다임에 도전하다

| 여러분의 강배전 패러다임은 무엇인가?

"약배전에 적용했던 접근법이 최고의 강배전 커피에는 맞지 않다면?"

경직된 사고방식에 갇히지 않으려면 다른 사람의 도움이 필요하다. 이것은 한 인간으로서도 전문적인 로스터로서도 모두 마찬가지다. 고정관념에 도전하려면 많은 노력이 필요하다. 종종 다른 사람의 도움을 받거나 내 지식으로는 이해가 되지 않는 정보를 직면한 경우에만 이런 틀에서 벗어날 수 있었다. 강배전 커피에 대한 나의 생각도 마찬가지다. 강배전에 대한 내 생각이 어떻게 변화해 왔는지 여러분과 함께 여행을 떠나려고 한다. 아마 여러분도 내가 이 주제에 대해 처음 어떤 생각을 갖고 있었는지, 그리고 어떻게 변화 중인지 공감할 수 있을 것이다.

스페셜티 커피 업계에서 일하기 시작했을 때 나는 강배전 커피에 대해 아주 강경한 입장을 취하고 있었다. 당시 커피 업계 안팎에는 약배전을 칭송하고 강배전을 비난하는 경향이 있었기 때문이다. 어쨌든 약배전 커피는 멋지고도 독특한 "산지 특유의" 향미를 드러내지만 강배전 커피의 향미는 "가려져 있다." 그런데 불편한 진실이 하나 있다. 내가 일했던 모든 로스팅 업체와 내가 컨설팅했던 대부분의 로스터리는 강배전 커피를 통해 재정적 기반을 유지하고 있었다. 강배전은 필요악이었다. 커피에 대한 충분한 경험이 없는 대중의 입맛을 사로잡고 있는 것은 강배전이었다.

"커피 소비자의 취향에 대한 고려 없이 커피를 바꿀 수 있다. 강배전 커피는 품질 관리가 덜 엄격해도 괜찮다. 강배전 커피는 정신적, 감정적 에너지를 거의 소모하지 않는다." 당신이 이런 마음가짐을 갖고 있다면 강배전은 나중에 생각해도 된다.

아이러니하게도 강배전 커피를 찾는 고객들은 매우 열정적인 애호가들이다. 나는 오리건주 포틀랜드에 있는 노사 파밀리아 커피에서 일하며, 강배전 커피를 찾는 고객들의 커피에 대한 인지능력이 생각보다 훨씬 더 뛰어나다는 것을 깨달았다. 이 고객들은 여러분과 커피 취향이 다를 수는 있지만, 커피를 그들의 의식처럼 생각하고 있다.

다음과 같은 장면을 떠올려 보자. 여러분의 강배전 커피를 구매하는 고객은 매주 동일한 커피 제품을 구매할 가능성이 높다. 이들은 같은 그라인더를 같은 굵기를 설정해 커피를 분쇄하고, 동일한 추출 기구를 사용해 매일 같은 비율로 커피를 만들 것이다. 아마도 커피를 마시는 시간대도 같을 것이고 같은 커피잔을 사용할 것이다. 크림이나 설탕을 첨가한다면 그 양도 동일할 것이다. 대개 이런 식이다. 단 한 가지 변수(강배전 커피에 대한 여러분의 품질 관리)를 제외하면 다른 모든 변수가 불변이니 이는 과학적 실험에 완벽한 상황이다.

그러면 이번에는 약배전을 즐기는 고객을 떠올려 보자. 이들은 다양성을 찾고 무언가를 지속적으로 미세 조정한다는 점에서 전문 로스터와 비슷하다. 이들은 매주 다른 산지, 다른 구색의 제품을 택할 것이다. 이들은 새로운 추출 도구, 새로운 추출 비율, 새로운 분쇄값 등을 시도한다. 커피를 가장 잘 표현할 방법, 최신 향미를 내는 방법, 또는 한 번도 경험하지 못한 흥미로운 경험을 찾으려 한다. 모든 것이 유동적이다. 또한 매번 여러분한테만 커피를 사는 것이 아니라 다른 지역 로스터나 전 세계 로스터를 경험하기 위해 구매처를 찾고 있을 가능성이 높다. 내 경험상 약배전 커피를 선호하는 고객은 로스팅 프로파일에 품질 관리 마크를 깜빡했다거나 생두 비율을 바꿨을 때 전화를 걸지는 않았다. 반면에 강배전 커피 고객은 브라질 세하두 로트를 같은 농장의 다른 로트로 바꾸면 바로 알아차린다!

나 같은 사람들이 더 많은 통찰력을 갖고 강배전에 도전하지 못하는 이유는 무엇일까? 하나는 강배전에 대한 적응이 필요하다는 점이다. 내 경험을 이야기하자면, 나는 샘플을 약배전으로 로스팅하고, 판매용 제품도 약배전으로 로스팅하며, 평소 약배전 커피를 즐겨 마신다. 가끔 강배전 커피를 마시면 큰 충격을 받는다. (강배전 커피 고객에게 약배전 커피의 달콤하고 산미 가득한 신맛이 충격적으로 느껴지는 것처럼) 그 커피에 익숙하지 않은 상황에서 커피 맛의 뉘앙스를 느끼거나 즐길 수 있을까? 하지만 강배전 커피를 더 많이 마시고 미각이 적응할 시간을 주는 것만으로도 이는 충분히 극복 가능하다. 나는 이 책을 쓰면서 페루 강배전 세트를 준비하기 위해 강배전 커피 구독을 시작했다.

또 다른 문제는 커피 로스팅 중 강배전 접근법을 너무 단순화하는 데서 비롯한다. 많은 사람들이 강배전 커피에 대해 근본적으로 다른 접근법을 시도하지 않는다. 강배전을 어떻게 하는지 물어보면 "약배전처럼 하면서 그냥 발현 시간만 늘리고 배출 온도 높이면 됩니다."라는 답이 돌아온다. 강배전에 대한 기존의 내 조언 역시 저 대답과 크게 다르지 않았다. 그러나 이는 매우 경직된 생각이고 커피 로스팅에 대한 현재의 접근법이 다른 제품에도 가장 적합하다고 가정하는 것이다. 만약 현재 적용하는 약배전 접근법이 최고의 강배전 커피를 만드는 데 적합하지 않다면? 우리가 마음을 열고, 스스로 로스팅 프로파일링에 설정해 놓은 한계를 없애고 아름다운 강배전 커피를 만들기 위해 노력한다면 어떨까?

나는 강배전에 대한 폐쇄적인 사고방식(주로 노사 파밀리아에서 커피 디렉터로 근무할 때 내가 설정했던 로스팅 방식)에서 벗어나기 위해 새로운 관점이 필요했다. 현대 커피 로스팅에 대해 내가 갖고 있던 모든 고정관념에 도전하는 아이디어가 필요했다. 훌륭한 강배전 커피에 대한 향수를 지닌 누군가가 필요했다. 그래서 나는 시간을 들여 강배전 커피를 탐구하게 되었다.

향수

그레그의 향수가
나의 관점을 바꾸다.

"놀랍게도 정말 좋았다! 내가 그동안 잘못된 방식으로 접근했을지도 모른다는 생각이 들었다."

나는 운 좋게도 업계 전반의 여러 사람들과 함께 일할 수 있었다. 그중에는 로스팅 30년 경력의 사람도 있었고, 30일이 채 안 되는 사람도 있었다. 그게 누구든 함께 일하는 사람에게 이야기를 들을 기회가 있다면, 그것은 지금까지의 사고방식을 바꾸고 다른 방식을 배울 수 있는 엄청난 기회다. 그런 기회 중 하나가 아이다호주 가든 시티에 있는 리걸 오피스 커피 Regal Office Coffee의 그레그 앱셔가 트레이닝을 위해 오리건주 레이니어에 있는 나의 연구실을 찾아왔을 때였다. 당시 그레그는 시애틀의 마틴 헨리 커피 컴퍼니 Martin Henry Coffee Company의 동료들과 함께 이틀간 로스팅 워크숍에 참여했다. 워크숍에서 그레그는 자신이 처음 커피 사업을 시작할 때 구형 프로밧 모델을 사용해 만들었던 강배전 커피가 얼마나 경이로웠는지에 대한 그리움과 향수를 언급했다. 나는 이튿날, 그에게 그때 어떤 방식으로 로스팅했는지 탐구하고 예전과 같은 결과를 얻을 수 있는지 시도해 보자고 제안했다.

    나는 그가 과거에 했던 방식을 알아내기 위해 많은 고민을 거듭한 끝에 구형 프로밧 모델에는 배기 온도계를 제외하고 다른 온도계가 없다는 사실을 알게 됐다. 그들은 공기 온도를 400°F까지 올리고 10분 동안 그 온도를 유지했다. 그런 다음 다시 공기 온도를 더 올려서 2차 크랙까지 유지했다. 2차 크랙이 시작되면 바로 커피를 냉각조로 배출했다. 이런 방식은 나의 로링Loring 로스터와 기존 드럼 로스터에도 충분히 적용할 수 있을 것 같았다. 우리는 바로 그 설정대로 로스팅하고 결과물이 어떤지 보기로 했다. 로스팅 시간은 제법 길었다. 정리하자면, 커피가 노란색으로 변한 시점은 6분 30초, 1차 크랙은 12분에, 로스팅이 끝난 시점은 거의 17분째였다.

분명한 것은, 나는 이 커피가 그레그의 그리움을 충족시켜 주길, 놀랍고 완벽한 맛이 나기를 바랐지만, 정말 그렇게 되리라고는 사실 전혀 기대하지 않았다. 오히려 맛이 별로일 거라고 생각했다. 하지만 다음날 이 커피를 맛보고 깜짝 놀랐다. 무척이나 맛이 좋았다! 이 일을 겪고 나서야 그동안 내가 잘못된 방식으로 강배전에 접근했을지도 모른다는 생각이 들었다.

옛날 옛적, 스페셜티 커피가 커머셜 커피commercial coffee와 구분되는 점은 (커머셜 커피는 3~4분 만에 커피가 나오는 것과는 달리) 스페셜티 커피 로스터는 시간을 들여 로스팅하기 때문이라는 이야기를 들은 적이 있다. 비슷한 이야기를 동료 로스터들에게 들은 적도 있다. 이런 접근법이 지금도 유효하다면 어떨까? 약배전을 17분 동안 한다는 것에 대해 어떻게 생각할지 잘 모르겠지만, 약배전과 강배전이 범주상 아예 다르다면 어떨까? 약배전은 짧고 빠르게, 반대로 강배전은 낮은 온도로 길게 한다면 어떨까? 나는 이미 강배전 이터레이션 세트를 생각 중이었고, 이렇게 강배전에 대한 기존의 패러다임을 재검토하면서 작업의 막이 올랐다.

이터레이션 커피

이 세트엔 무엇이 들어 있을까?

> "각 이터레이션은 특정 목표를 달성하기 위한 커피 로스팅과 향미를 조정하는 개별적 접근법을 나타낸다."

이터레이션 커피 프로젝트는 커피 로스터를 위한 차별화된 원격 교육을 목표로 한다. 나는 로스팅에 관한 지식에 더해 관능 경험도 공유하기를 바란다. 커피 향미에 어떤 변화가 생기는지 설명하는 것과 이러한 변화를 경험함으로써 관능적 기억을 쌓는 것은 다른 문제다. 그러므로 나는 각 세트에서 커피를 하나씩 선정해 제품 개발을 진행한다. 각 이터레이션은 커피 로스팅 및 특정 목표를 향해 향미를 조정하는 개별적인 접근 방식을 나타낸다. 이번 목표는 옛 접근법과 새로운 접근법을 비교해 가장 맛이 좋은 강배전 커피를 생산하는 것이다.

이 글은 특정 페루산 커피에 초점을 둔 이터레이션 세트를 기반으로 한다. 나는 이 세트에서 일곱 가지 실험적인 강배전 접근 방식을 중점적으로 소개하려고 한다. 모두 이어지는 글과 논의에 포함될 것이지만, 이 가운데 네 가지 강배전(그리고 한 가지는 훌륭한 약배전) 샘플만 첫 맛보기 회차에 들어갈 것이다. 그 이유는 내가 가진 커피 양으로 생산할 수 있는 양이 엄격하게 제한되었기 때문이다. 실험군은 아니지만, 약배전 커피는 샘플 로스팅 배전도로 로스팅한다. 이유는 같은 생두를 강배전했을 때 어떻게 달라지는지 보여주기 위한 것이다.

　이 글에 나오는 데이터는 내가 사용한 페루 협동조합에 한정된 것이다. 다만《최적의 향미 프로파일Modulating the Flavor Profile of Coffee》을 쓸 때 나는 특정 느낌을 주는 향미를 찾는 것보다는 경향성을 찾는 것이 더 중요하다는 점을 배웠다. 어떤 커피를 로스팅하든, 그 커피의 세부적인 특성이 달라진다 하더라도 이런 일반적인 경향은 동일하게 적용되어야 한다.

　나의 목표는 1차 크랙이 일어나는 시점을 제외한 모든 로스팅을 일정하게 유지하는 것이다. 즉 발현 시간, 무게 감소 비율, 최종 원두/커피가루의 색상까지 동일해야 한다. 이것이 가능하다고 가정하면, 몇 가지 가치 있는 비교를 할 수 있다.

　1차 크랙까지 가능한 가장 빠르게 도달하는 로스팅, 내가 보통 사람들에게 권장하는 (그리고 내가 흔히 사용하던) 시간 안에 1차 크랙을 달성하는 로스팅과 그레그와 함께 진행했던, 오래되고 느린 로스팅 스타일을 참조한 로스팅을 평가하고자 한다.

　나는 1차 크랙에 도달하기까지의 시간에 대한 선호 접근법을 선택한 뒤 최고의 결과물이 나올 수 있도록, 발현 시간을 제어하는 방법을 들여다볼 것이다.

커피 정보

페루 - 산 이그나시오, 카하마르까

"파이칼Faical — 로트 01/10"

- **조합:** 아그로 카페 하엔Agro Café Jaen S.R.L
- **마을:** 카야유크
- **지역:** 하엔
- **지방:** 산 이그나시오
- **지구:** 카하마르카
- **농장 고도:** 해발 1774~2200m
- **커피 품종:** 카투라, 파체, 문도 노보, 티피카
- **가공:** 워시드
- **토양:** 화산토
- **수분 함량:** 10.9%
- **배수량 기준 밀도:** 1,180g/L
- **카탈리스트 제공 수분 함량:** 11.5%
- **카탈리스트 제공 수분 활성도:** 0.556

카탈리스트 트레이드 Catalyst Trade **공급 자료:**

"때로는 마을 혹은 공동체 전체가 필요할 때도 있다. 바로 카하마르카의 산 이그나시오 지역에 위치한 콜라사이, 핌핀고스, 우아마까의 이 사랑스런 커피가 그런 경우다. 여덟 명의 생산자(이웃이거나 대가족의 일원)가 일 년 내내 열심히 일해 커피를 재배하고 키우고 수확해 가공했다.

페루의 농장은 마이크로 밀을 구비한 경우가 일반적이며 각 마이크로 밀에는 수동 또는 가솔린 소형 모터가 달린 펄퍼(열매의 과육을 벗기는 기계)가 있다. 과육을 제거한 커피콩은 탱크로 옮겨져 발효(시간에 따라 대개 17~24시간 발효)를 거친 다음 세 번 세척해서 빈번한 안개와 비를 피해 비닐 하우스에서 건조한다. 최적 수분 함량에 도달하면 생산자가 커피를 포대에 담아 인근 협동조합으로 옮긴다.

이 멋진 공동체에 기여한 사람들은 에르네스토 바스케스Ernesto Vasquez, 윌메르 발레라 쿠바스Wilmer Valera Cubas, 아르눌포 야노스 쿠바스Arnulfo Llanos Cubas, 산티아고 게바라Santiago Guevara, 세군도 파스 고이코체아Segundo Paz Goicochea, 호세 페르난데스Jose Fernandez, 마르틴 알라야 게레로Martin Alaya Guerrero, 마리오 벨라Mario Vela다.

커피는 협동조합의 창고에서 거칠고 때로는 위험한 경로를 거쳐 수출 파트너의 하엔 소재 창고에 도착해 샘플 평가를 받은 다음 본사의 품질 관리 부서와 연계해 물리 및 관능 분석을 받는다.

커핑과 품질 관리를 마친 뒤, 69kg(152파운드) 포대에 담아 트럭에 실어(일꾼 한 명이 포대를 하나씩 어깨에 싣고 옮긴다. 생산자는 트럭 짐칸에 걸친 나무 판자를 오르내리며 커피를 나른다.) 인근 드라이 밀dry mill로 이동한 다음, 항구까지의 산악 수송 및 미국으로 가는 해상 운송에 견딜 수 있도록 최종 가공과 재포장을 거친다.

카하마르카 지역

카하마르카는 페루의 북부 안데스 고지대로, 봉우리에는 구름이 안개처럼 감돌고도로는 보통 이상의 용기가 있는 사람이 아니라면 접근하기 어려울 정도로 험하다. 한때는 잉카의 영토였으며 주민들은 그 유산을 자랑스럽게 여긴다. 이웃 농부들은 근면하고 친절하며 희망에 차 있으며, 끈끈한 공동체를 이루고 있다.

전기는 들어오지 않는다. 통신 서비스도 안정적이지 않다. 외딴 지역에서는 교육과 의료 서비스를 받기 위해 4륜 구동 자동차로나 갈 수 있는 도로를 이용해야 한다. 이렇게 열악한 조건이지만 카하마르카의 커피 생산자들은 줄곧 협동하며 공동체와 커피, 삶을 개선하기 위해 일해 왔다."

약배전 시도

이 커피의 잠재력은 무엇일까?

이 커피를 약배전으로 로스팅했더니 열대 과일에서부터 중국 음식을 연상시키는 복합적인 향신료에 이르는 풍부한 느낌이 들었다.

약배전 1차 시도

이 커피의 잠재력은 무엇일까?

"달콤함, 부드러움, 구수함starchy, 온화한 허브와 식물성 특성이 있는 분홍색 과일류"

나는 이 커피를 처음 로스팅했을 때, 매우 표준적인 접근 방식을 사용했다. 나의 이전 글을 읽어 본 독자라면 내가 말하는 매우 전형적인 프로파일에 익숙할 것이다. 이 프로파일은 옐로우 단계를 5분째, 1차 크랙은 9분쯤에 오게 하고 발현 시간은 대략 2분을 잡는다. 나는 카탈리스트로부터 이 커피가 샘플 로스팅 프로파일을 좀 더 짧게 잡아도 좋다는 이야기를 들었고, 그에 따라 원래의 표준적인 접근법보다 1차 크랙까지의 시간을 약간 더 짧게(8분을 목표로) 잡았다. 내 목표는 옐로우 단계는 4분 30초, 1차 크랙은 8분, 발현 시간은 1분 30초~2분이었다. 하지만 이 시도는 실패했다. 옐로우까지는 4분 30초가 걸렸는데, 1차 크랙은 9분 가까이 되어서야 일어났다.

이 책은 약배전이 중심이 아니지만, 커피의 잠재력, 또한 커피가 보여줄 수 있는 최상의 특징을 끌어내기 위해서는 세트 안에 무엇이 들어 있는지 이해하기 위한 틀을 제공하는 것은 필수적이다.

이 로스팅은 샘플 로스팅에 흔히 적용하던 것보다는 좀 더 길게, 발현을 좀 더 많이, 그리고 좀 더 강배전한 것이다. 그 결과 음료에서는 달콤함과 부드러움, 구수함

다크 로스팅 탐구

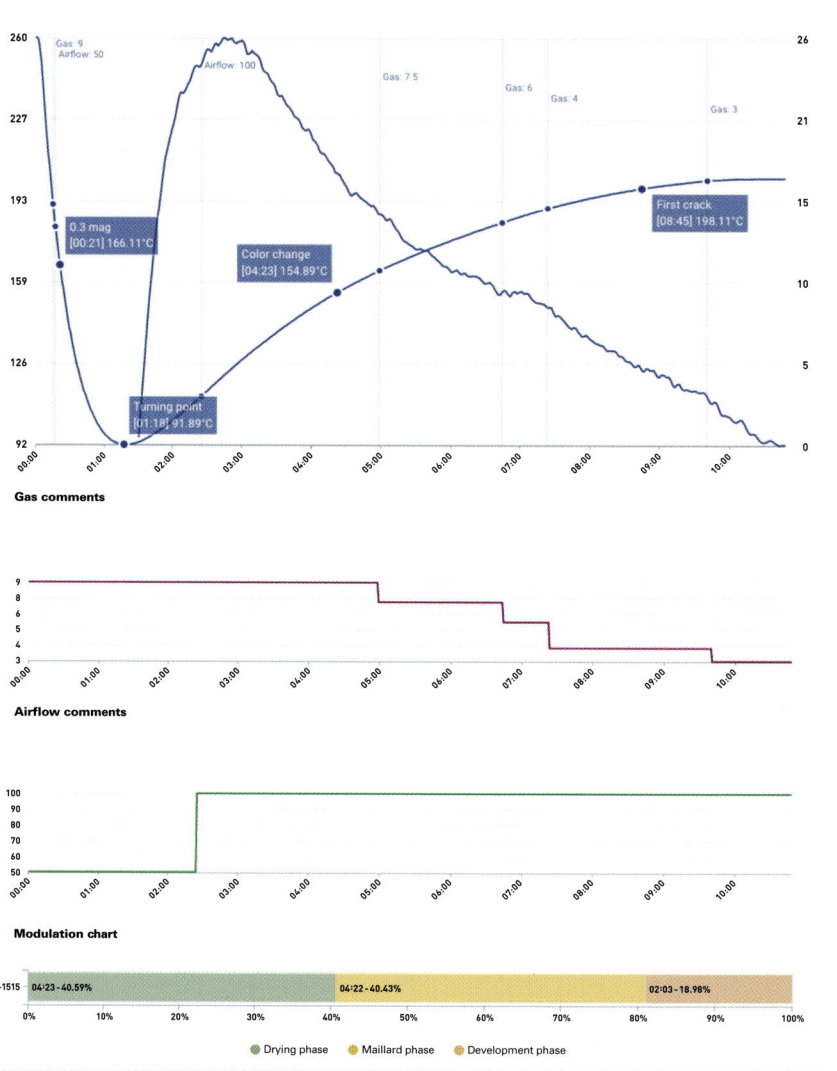

Weight loss	-13.38%
Color change	04:23-154.89°C
First crack	08:45-198.11°C
Duration	10:48
Dev. time	02:03
Roast value	62.8 Lighttells
Roast value 2	96.2 Lighttells
End temp.	202.28°C

starchy, 온화한 허브와 식물성 느낌이 있는 분홍색 과일류 느낌이 나타났다. 또한 강한 풍미savory가 있었고 중국 요리에서 연상되는 향신료 느낌이 났다. (하지만 그게 무엇인지는 잘 모르겠다. 지난 주 먹었던 만두에서 이런 느낌이 났다.)

다음 단계에서는 이 커피의 허브, 식물성, 자극적인 풍미 같은 특성은 줄이고 다른 쪽을 강조해 보려 한다. 나는 대개 이런 풍미가 날 때는 1차 크랙을 충분히 앞당기지 않았다는 생각을 한다. 그래서 다음에 약배전을 할 때는 1차 크랙이 7분 30초에서 8분 사이에 오도록 조금 더 강하게 열을 공급할 생각이다.

약배전 2차 시도

이 커피의 잠재력은
무엇일까?

"꽃, 망고, 과즙, 부드러운 라임 껍질 느낌"

이번 로스팅의 주요 목표는 커피를 로스팅 결함 없이 합리적인 선에서 가능한 한 빨리 1차 크랙까지 도달하게 하는 것이다. 전통식 드럼 로스터를 사용해 이를 달성하기 위해 나는 공기 흐름을 한 번에 높이는 대신 단계별로 증가시켰다. 1차 시도에서 그랬듯, 이를 통해 드럼 내 열을 더 많이 가두고 로스팅 속도를 높임으로써 1차 크랙에 보다 빨리 도달할 수 있을 것 같았다. 그리고 실제로 그렇게 되었다!

이 로스팅은 7분 41초에 1차 크랙이 왔고 거의 동일한 색상이 나기까지 발현 시간은 1분 35초가 걸렸다. 분쇄 커피 색상은 96.2가 아니라 102로 조금 더 밝았다. 무게 감소비 또한 12.7%로 좀 더 낮았다. 모든 수치가 내가 기대했던 대로였다. 발현이 부족하거나 로스팅이 덜 되었을 때 나타나는 향미가 느껴지는 상태에서 이를 더 약배전 한다거나 빠르게 로스팅하는 것은 직관적이지 않은 것 같다. 앞서 진행한 로스팅에서 객관적인 측정값을 보면, 로스팅이 덜 된 것도 아니고(색상이 비정상적으로 낮지 않았고) 발현이 부족하지도 않았다. (2분이면 일반적인 로스팅보다는 짧을 수 있어도 대부분의 약배전에서는 충분하다.) 그래서 나는 이전 커피를 너무 느리고 소극적으로 로스팅했다는 직감

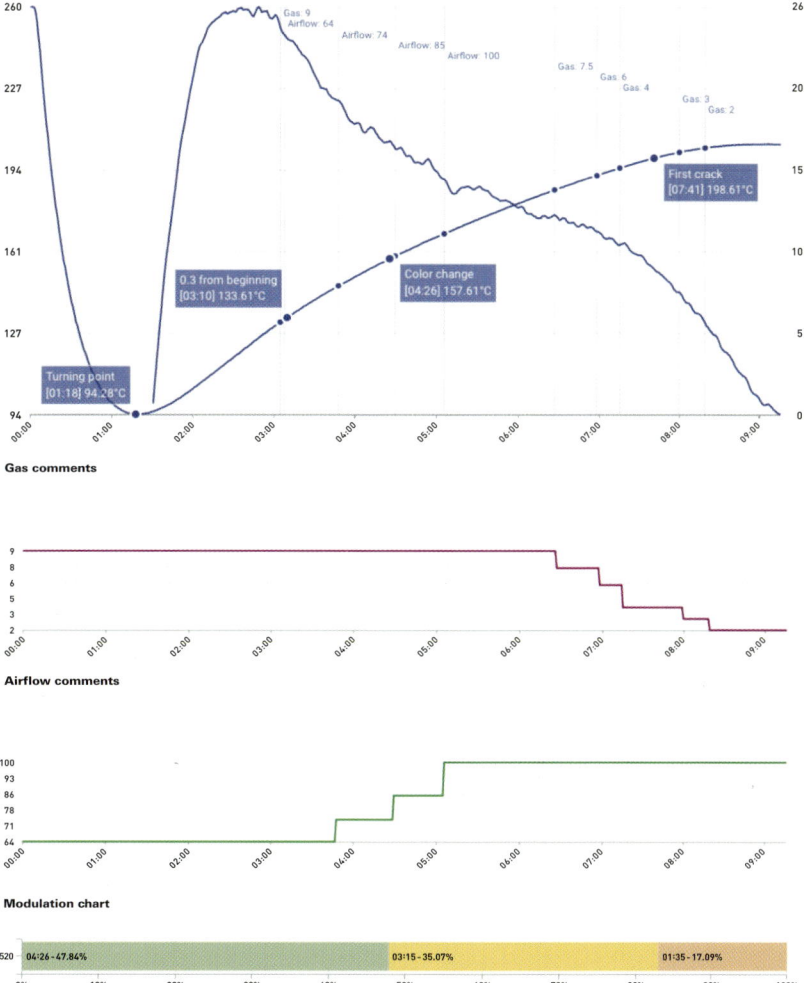

Weight loss	-12.7%
Color change	04:26 - 157.61°C
First crack	07:41 - 198.61°C
Duration	09:16
Dev. time	01:35
Roast value	63.6 Lighttells
Roast value 2	102.1 Lighttells
End temp.	204.39°C

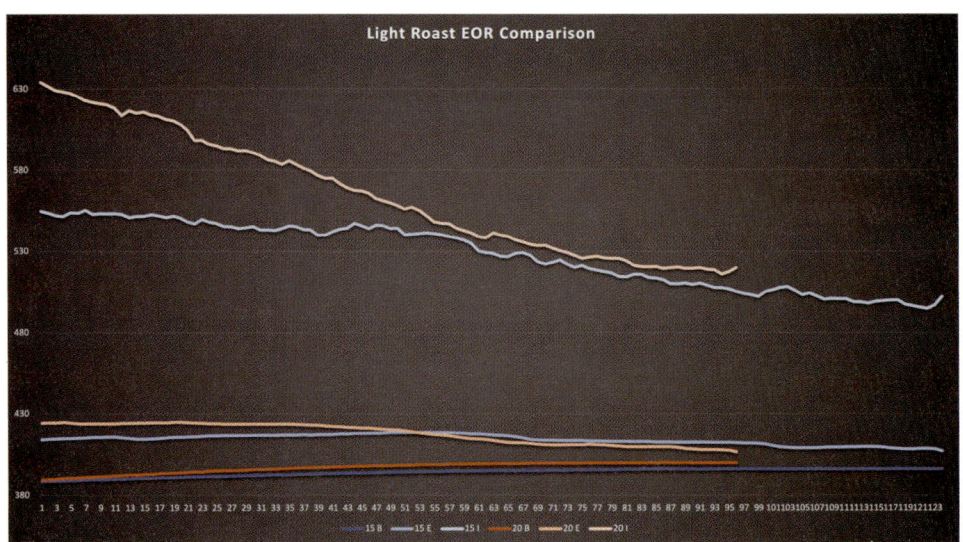

을 따랐다. 그래서 이번에는 빠르고 격렬하게 접근했다. 여기서 몇 가지 주목해야 할 중요 사항이 있다. 첫째, 이 커피는 무게 감소 비율이 적고 색상은 더 밝은데도 로스팅을 끝낼 때 커피콩 온도가 더 높다. 둘째, 1차 시도에 비해 발현 초반부 공기 온도가 더 높다. 그래프에서는 두 로스팅에서의 시작점을 FC로 나타냈고 공기 온도의 차이를 확인할 수 있다.

맛은 달콤함, 망고, 꽃, 부드러운 허브 라임 껍질 느낌이었다. 음료에서 과일 느낌은 좀 줄어들었지만 음료 특성은 전체적으로 나아졌다. 생동감 있고 깔끔한 꽃향기가 느껴졌고 (특히 뜨거울 때) 허브 느낌이 크게 줄었다.

강배전

1차 크랙까지의 시간 바꾸기

이번 챕터에 앞서 강배전 실험을 간단하게 요약해 보겠다. 이번 로스팅의 목표는 2차 크랙까지 진행하고 무게 감소비는 16% 이상으로 맞추는 것이다. 또한 원두 색상은 애그트론값으로 50 이하가 되어야 한다. 향미 프로파일 기준은 다크 초콜릿에 초점을 맞추고 스모키 느낌이 음료에 감돌기 시작하는 정도로 한다. 이를 위해 나는 1차 크랙까지의 시간을 세 가지 방식으로 접근하려고 한다. 첫 번째, 1차 크랙에 가능한 빨리 도달하기. 두 번째, 보다 느긋한 속도로 (현재 내가 추천하는 방식) 9분 30초에서 10분 사이에 1차 크랙에 도달하기. 세 번째, 초기 스페셜티 커피 로스팅 방식에 가깝게 시간 맞추기(지금도 일부 사람들이 로스팅하는 방식). 이렇게 하면 1차 크랙은 각각 7분 30초에서 8분, 9분 30초에서 10분, 12분 30초에서 13분 사이로 설정하게 된다.

이 모든 경우에 최종 색상과 발현 시간은 동일하게 맞춘다. 첫 번째 로스팅을 진행하면서 최종 색상, 그에 따른 최종 온도가 어느 정도일지 파악할 예정이다. 예상치는 224~227℃ 배출에 원두 색상은 45~50, 분쇄 커피 색상은 55~65으로 예상한다. 발현 시간은 우선 4분부터 시작한다. 왜 4분이냐고? 좋은 질문이다. 나는 오래 전부터 강배전은 발현 시간을 3분 30초에서 4분 사이로 하라고 권장했다. 나는 이 정도가 "초강로스팅"이 아니면서도 신맛은 줄이고 강배전의 향미를 창출할 수 있다고 보았다. 그런데 많은 로스터로는 2차 크랙까지 3분 30초에서 4분보다 빨리 도달하기 어렵다. 그렇게 하려면 화력을 크게 높여야 하는데 자칫 "페이싱"이라는 결점두가 발생할 수 있다.

강배전 1차

2차 크랙 도달에 실패한 시도

나는 이번 로스팅을 통해 여러모로 새로운 발견을 할 수 있었다. 이상적인 결과물은 나오지 않았지만 이런 결과를 예상하지는 못했다. 빠른 속도의 강배전을 수 년간 시도했는데, 몇 가지 흥미로운 장점이 있었다. 특히 로스팅 중 온도 상승률(RoR$^{Rate\ of\ Rise}$)이 지속적으로 감소하는 프로파일을 선호하는 사람에게 더욱 그러할 것이다. 빠른 로스팅에서는 1차 크랙에 도달할 때 엄청난 에너지와 "추진력^{momentum}"을 갖기 때문에 1차 크랙 즈음에 나타나는 심각한 온도 급강하 현상인 크래쉬^{crash}를 피할 수 있다. 또한 이 덕에 2차 크랙에 도달할 때까지 온도 상승률을 지속적으로 감소시킬 수 있는 낙폭을 확보하는 것이 가능하다. 지금 말하는 것은 강배전에 이 방법이 가장 좋은지 아닌지에 대한 언급이 아니라(이후에 논의할 수 있다.), 이 방법이 가능하다는 점과 온도 상승률과 관련한 뚜렷한 목표가 있다면 시도를 해볼 만하다고 조언하는 것이다.

다음 그래프에서 보듯이, 이 커피는 1차 크랙 이후에 엄청난 크래쉬를 겪었다. 1차 크랙 직전에 가스 압을 6으로 낮추지 않았다 해도 (이 부분은 이후 로스팅에서는 수정했다.) 여전히 급격한 크래쉬가 발생했을 것이다. 이 정도로 크래쉬가 일어나면 2차 크랙

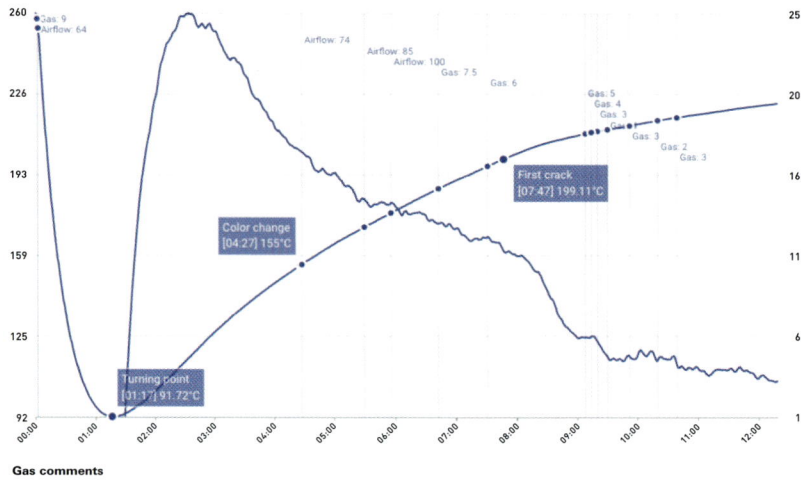

Gas comments

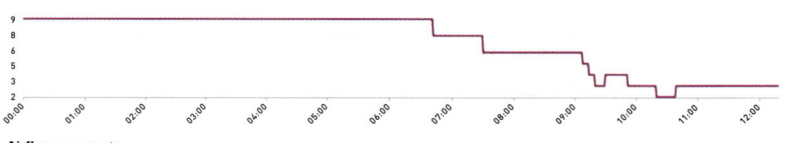

Airflow comments

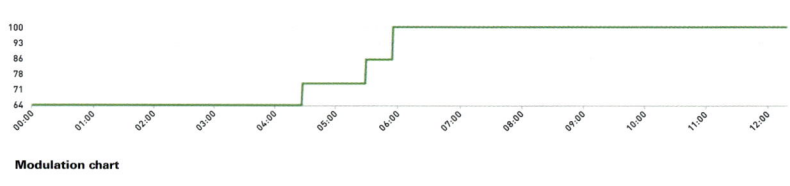

Modulation chart

Weight loss	-16.78%
Color change	04:27 - 155°C
First crack	07:47 - 199.11°C
Duration	12:19
Dev. time	04:32
Roast value	46.6 Lighttells
Roast value 2	61.8 Lighttells
End temp.	222.22°C

까지 끌고 가기 어려울 수 있다. 온도 상승률을 지속적으로 감소시키는 방식을 원하는 경우라면 더더욱 그렇다. 그래서 나는 1차 크랙이 진행되는 동안 가스 압을 더 높게 유지해야 했다. 어쨌거나 나는 이 로스팅에서 충분히 강한 열을 공급하지 못했고, 두 가지 문제가 나타났다. 첫째는 발현 시간이 목표치에 비해 너무 길었다. 내가 원한 건 4분이었지만 결과물은 4분 30초였다. 두 번째 문제는 (로스팅과 발현 시간 모두 길어졌음에도 불구하고) 목표에 도달하지 못했다는 것이다. 목표치를 달성하지 못했으니 다시 로스팅해야 한다는 것을 바로 깨달았지만 이제 훌륭한 견본과 이 커피에 대한 아이디어를 얻었다. 그리고 나중에 비교할 수 있는 흥미로운 사례도 생긴 셈이다.

나는 이 커피가 정말 마음에 들었다. 몇 가지 흥미로운 점이 있긴 하지만 일단 정말 맛이 좋았다. 분쇄 상태에서는 다크 초콜릿 향이 중심을 이룬다. 아로마에서는 달콤한 향과 매우 부드럽고 기분 좋은 다크 초콜릿 느낌이 이어진다. 맛은 초콜릿이 주를 이루며 말린 자두와 신선한 자두의 특성이 더해져 무척 멋지다. 살짝 스모키 느낌도 있다. 이 커피에서 바람직하지 않은 특성이 하나 있다면 (다른 커피에 비해) 바디가 너무 가볍다는 점이다.

강배전 2차

1차 크랙까지
빠르게 진행

이제 참조할 작업 견본도 있으니 로스팅 목표를 빨리 달성할 수 있게 되었다. 나는 앞의 케이스와 거의 동일하게 접근하되, 1차 크랙 직전에 가스 압을 살짝 줄이는 방식dip을 택했다. '안될 게 뭐 있겠어?' 하는 마음 때문이다. 그 뒤로는 1차 크랙 시작까지 가스/파워 설정을 높여서 진행했다. 이렇게 했더니 온도 상승률이 많이 떨어지지 않은 채로 크래쉬 구간을 돌파했고, 원두 온도는 계속 높이면서 2차 크랙에 도달할 수 있었다. 2차 시도는 전반적으로 매우 성공적이었다.

이 부분은 마지막에 설명하는 게 맞겠지만, 이번 로스팅과 앞서 로스팅에서는 커피 로스팅 속도를 높이기 위해 공기 흐름을 단계별로 조절했다. 로스팅을 시작할 때 공기 흐름을 낮게 유지하면 드럼 내부의 공기 온도가 높아지면서 유입 공기 온도도 높아진다.

공기 온도가 더 높다는 말은 대개 로스팅이 빨라진다는 의미다. 조금씩 공기 흐름을 높이면 한꺼번에 너무 많은 열이 커피로 공급되면서 로스팅 속도가 급격하게 빨라지는 현상을 피할 수 있다. 나는 이 방식을 통해 별 문제 없이 가장 빠르게 로스팅할

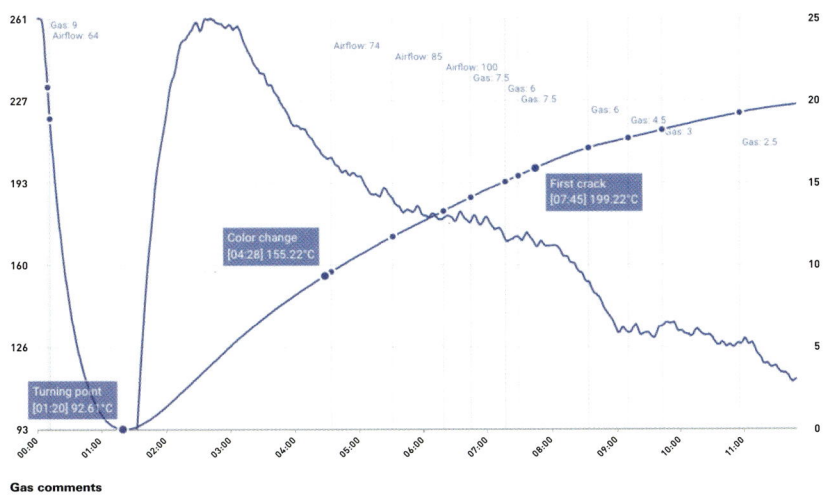

Gas comments

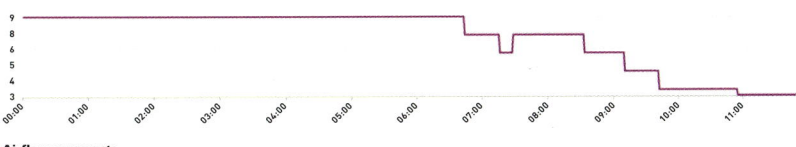

Airflow comments

Modulation chart

● Drying phase   ● Maillard phase   ● Development phase

Weight loss	-16.78%
Color change	04:28 - 155.22°C
First crack	07:45 - 199.22°C
Duration	11:50
Dev. time	04:05
Roast value	46.7 Lighttells
Roast value 2	60.6 Lighttells
End temp.	225.22°C

수 있었다.

—

"마이야르 조절 방법"에 따라 맛이 어떻게 달라지는지 판단하고 방향성을 결정하기로 했다. 그래서 나는 이 커피들을 블라인드 테이스팅하고, 5~6일에 걸쳐 강배전 커피에 대한 테이스팅 자료를 정리했다.

PR-1517 : 1차 크랙까지 가장 빠른 방식

— TDS(용존 고형분 총량, 수용성 물질 농도)가 가장 높다. 가장 무거운 바디감, 용량 60mL

a. 다크 초콜릿, 향기로움, 스모키 느낌은 덜함, 가벼운 바디, 초콜릿

b. 달콤한 건자두/자두, 자극적인 풍미, 초콜릿, 중간 바디, 애프터테이스트에서 부드러운 스모키 느낌, 살짝 텁텁한 질감

c. 자극적인 풍미, 다크 초콜릿, 건자두/자두, 부드러운 스모키, 텁텁함 혹은 끈적한 느낌, 캐러멜

d. 스모키, 초콜릿, 가벼운 바디, 일부 과일, 텁텁함/끈적함

e. 견과류 캐러멜, 초콜릿, 부드러운 스모키, 캐러멜, 견과류, 무거운 바디, 가장 묵직한 바디

위 향미 느낌에 대해서는 이후 더 자세히 논의할 것이다. 일단 이 커피가 TDS는 제일 높았고, 여러 번의 테이스팅에서 가장 묵직한 커피로 기록되었다는 점에 주목하면 충분하다. 또한 부피 측정 결과 예상대로 가장 부피가 컸는데 로스팅 시간이 가장 빨랐기 때문이다.

이 커피는 거의 모든 테이스팅에서 살짝 끈적한 마우스필이 느껴졌는데 나는 이 향미를 텁텁함tarry과 끈적함tacky이라고 표현했다. 블라인드 테이스팅에서 가장 두드러진 특징이었다. 이것이 무거운 마우스필과 과일 맛의 결합으로 나타난 것인지, 아니면 별개의 향미인지 알 수 없었지만 나는 대부분의 테이스팅에서 느낄 수 있었다.

강배전 3차

낮고 느리게
접근하기

이번 로스팅 방식은 그레그 앱셔Greg Abshire와 진행했던 탐구를 바탕으로 한다. 그의 예전 로스팅 스타일은 배기 온도계만 달린 구형 프로밧 로스터를 사용한 것이다. 이 방식은 첫 10분 동안 공기 온도를 400°F로 안정적으로 상승시킨 다음에, 공기 온도를 더 올려 450°F 정도로 유지하면서 2차 크랙에 다다르게 한다. 나는 이런 접근법을 나의 전통식 드럼 로스터에 맞춰 내 스타일에 맞게 약간 수정했다. 그레그를 만난 이후 나는 이 스타일로 로스팅을 하고 있는데 결과물은 항상 기분 좋고 맛이 훌륭하다. 그래서 이 결과물을 다른 로스팅 기법과 비교해 보고 싶다.

이 접근법에서는 주로 배기 온도에 집중하면서 원두 온도를 주시한다. 우선 가스 압은 3인치 정도로 낮춘 상태에서 소킹을 진행한 다음, 천천히 가스 압을 올렸다. 그리고 1차 크랙 전에 살짝 가스 압을 줄였다가 다시 높인다. 이는 대부분의 사람들이 로스팅하는 방식과 정반대다. 내가 가스 압을 가장 높게 설정할 때는 1차 크랙 직후인데, 이는 1차 크랙 이후 온도가 갑자기 떨어지는 크래쉬 현상으로 인한 에너지 손실에 대응하기 위해서다. 그런 다음, 로스팅이 걷잡을 수 없이 급격하게 진행되지 않도록, 1차

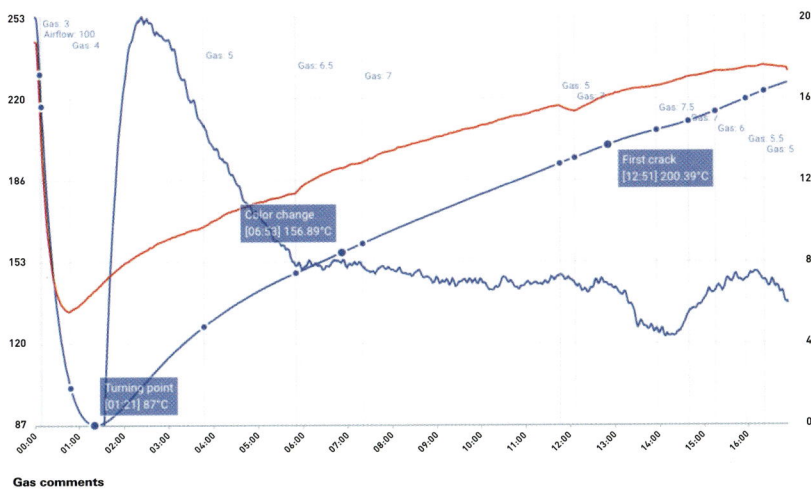

Gas comments

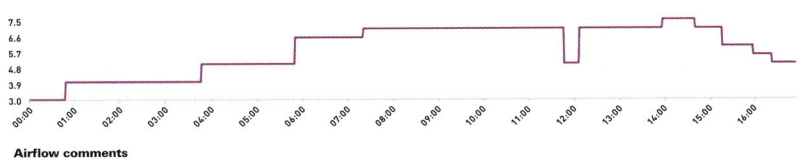

Airflow comments

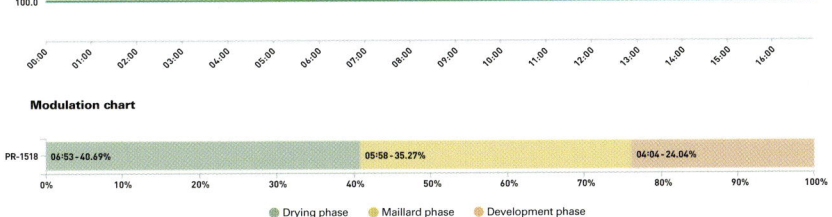

Modulation chart

| PR-1518 | 06:53 - 40.69% | 05:58 - 35.27% | 04:04 - 24.04% |

● Drying phase ● Maillard phase ● Development phase

Weight loss	-16.55%
Color change	06:53 - 156.89°C
First crack	12:51 - 200.39°C
Duration	16:55
Dev. time	04:04
Roast value	47.8 Lighttells
Roast value 2	63 Lighttells
End temp.	225.39°C

크랙이 끝나고 2차 크랙을 향해 진행되는 동안, 그리고 로스팅이 끝날 때까지 가스 압을 줄여 나간다.

그래프를 보면 로스팅 내내 공기 흐름에 변화가 없다는 것을 볼 수 있다. 공기 흐름은 100% 열어 두고 건드리지 않는다. 나는 로스팅 중 드럼 내에 열을 가두는 방식으로 추가적인 열에너지가 필요하지 않을 경우 보통 이렇게 로스팅한다. 나는 로스팅을 빨리 진행하고 싶은 경우에만 공기 흐름을 조절하기 위해 분주하게 움직인다. 즉, 공기 흐름이 과도하게 높지 않아서 별 문제가 없다. 100% 공기 흐름을 유지하는 게 불가능할 수도 있지만 로스팅 전 과정에서 공기 흐름을 고정한 채 유지하는 것은 생산용 로스팅production roasting을 하는 사람이라면 누구나 바라는 것이다. 이렇게 하면 한 가지 변수와 하나 이상의 제어 사항을 줄일 수 있기 때문이다.

―

PR-1518 : 1차 크랙까지 느리게 진행

― TDS는 1517보다 낮고 미디엄 바디, 부피 58mL

a. 다크 초콜릿, 향긋한 자두, 제빵용 향신료, 초콜릿, 건자두 향이 진한 초콜릿과 함께 살짝 올라옴, 애프터테이스트에서 약한 스모키 느낌

b. 두터움, 캐러멜, 초콜릿, 스모키 느낌은 거의 없음, 부드럽고 균형 있으며 불쾌하지 않음

c. 미디엄 바디, 다크 초콜릿, 캐러멜, 약한 스모키, 살짝 견과류 느낌, 둥글고 밀키함

d. 초반 강한 스모키 느낌, 살짝 텁텁함, 나무 맛, 견과류

e. 초콜릿, 달콤함, 건자두, 부드러운 스모키, 바베큐 또는 메스키트 스모키, 묵직함, 미디엄 바디(다른 것보다는 가벼운 편), 다른 것보다 과일 느낌은 덜함, 나무

맛, 종이 맛, 견과류 느낌

처음 몇 번 테이스팅했을 때는 그다지 스모키하지 않았다. 그렇지만 흥미롭게도 이후 테이스팅에서 스모키 느낌이 점차 강해졌다. 마지막 블라인드 테이스팅에서는 스모키 느낌이 가장 두드러지고 강렬했다. 정말 멋진 특성이 몇 가지 더 있었는데 건자두와 자두 향이 특히 만족스러웠다.

강배전 4차

내가 해 왔던 진부한 방식

이 프로젝트를 계획하는 중에도 이 로스팅 방식이 가장 별로였으면 좋겠다고 생각했다. 지금 실험하는 방식이 이전까지 해 왔던 것만큼 좋지 않다는 결론이 나면 실망하게 될 테니 말이다. 어떤 방식이 가장 좋은 품질을 만드는지 결정을 내릴 단계는 아니지만, 나의 선입견에 대해 솔직하게 말하고 싶다.

예전에 내가 직접 강배전 작업을 하거나 다른 로스터에게 강배전에 대해 조언할 때, 늘 1차 크랙은 9분 30초에서 10분 30초 사이로 잡는 것을 목표로 삼았다. 그 이유는 (내 경험상) 강배전 커피를 원하는 고객은 묵직하고 자극적인 풍미를 좋아하고, 이런 향미는 긴 로스팅 스타일에서 나오는 경향이 있기 때문이다. 묵직한 향미는 우유를 뚫고 나오는 능력이 출중한데, 1차 크랙이 9분을 넘어가는 프로파일에서 훨씬 잘 드러난다. 그리고 발현 시간은 3분에서 4분 정도로 권유했다. 발현 시간이 길수록 커피의 신맛을 줄일 수 있기 때문이다. 강배전 커피를 찾는 사람들은 대체로 신맛을 꺼린다.

내 방식에 대해 다시 한번 말하자면, 공기 흐름은 100%로 계속 유지하면서, 가스 압은 7.5인치에서 소킹 없이 시작해 영.원.히. 그대로 유지하는 것이다. 이 방식에서 내

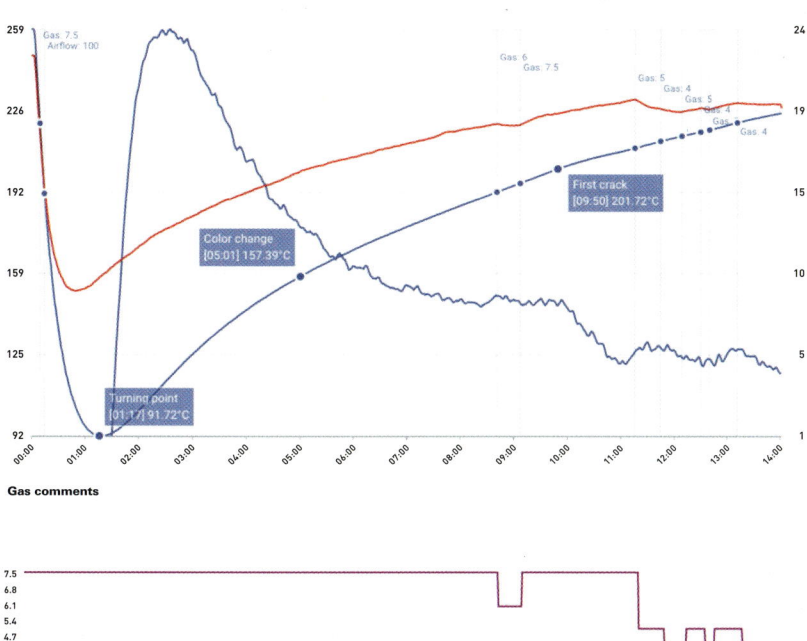

Gas comments

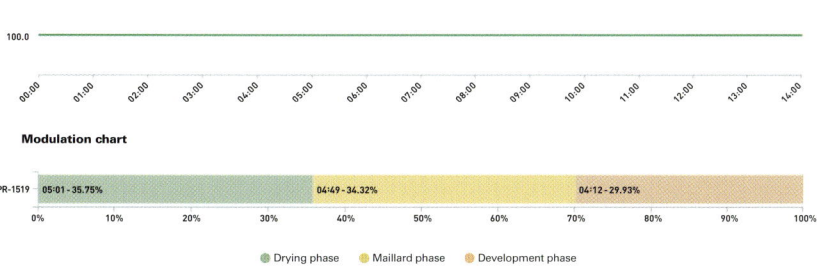

Airflow comments

Modulation chart

Weight loss		-16.78%
Color change		05:01 - 157.39°C
First crack		09:50 - 201.72°C
Duration		14:02
Dev. time		04:12
Roast value		47.3 Lighttells
Roast value 2		61.8 Lighttells
End temp.		224.61°C

가 가장 좋아하는 점은 생산용 로스팅이라는 관점에서 볼 때 화력을 일정하게 유지하는 8분 30초 동안 다음 배치를 위한 여러 가지 다른 작업을 할 수 있는 점이다.(생두 계량 및 이전 배치 결과물에 대한 색상 값과 무게 감소 비율 측정 등)

PR-1519: 1차 크랙까지 중간 속도로 진행

— 1517보다 낮은 TDS, 미디엄 바디 이상, 부피 58mL

a. 부드러운 초콜릿, 균형감, 자극적인 풍미, 미디엄 바디, 캐러멜, 초콜릿

b. 애프터테이스트에서 가볍고 부드러운 초콜릿과 부드러운 스모키, 가벼운 바디에 뚜렷한 초콜릿, 그 외는 별로 없음

c. 더 가볍고 부드러운 초콜릿, 약한 스모키, 초콜릿 계열의 좋은 향

d. 자극적인 풍미, 중후한 초콜릿

e. 모나지 않은 스모키, 자극적인 풍미, 초콜릿, 달콤함, 부드러운 자두 느낌

이 커피는 모든 테이스팅에서 스모키 느낌이 강하지 않았고 미디엄 바디에 사랑스러운 캐러멜, 초콜릿, 자두/건자두 느낌이 있었다. "초콜릿 계열의 좋은 향"이라는 표현은 내 기준으로는 부정적이라기보다는 긍정적인 평가다. 나는 이 표현처럼 자두와 스모키 느낌이 살짝 나는 초콜릿 맛을 좋아한다.

1차 크랙

진행 비교 1

나는 이 커피 로스팅 결과물들이 유사하다는 점에 주목하고자 한다. 로스팅 프로파일이 비슷하다는 의미는 아니고, 객관적이고 측정 가능한 지표가 놀랍도록 비슷하다는 뜻이다. 아래 도표를 보면 무게 감소비는 실질적으로 동일하고, 원두와 분쇄 커피 색상은 매우 비슷하다. 세 로스팅의 (PR-1517, PR-1518, PR-1519,) 발현 시간 모두 오차가 8초 이내다.

그에 비해, 그 아래 그래프에서 보듯 각 로스팅들은 서로 매우 다르다. 1차 크랙 시간은 거의 5분 차이가 나는데, 이 차이는 엄청난 것이다! 그러므로 이 커피들은 매

Quality Average	PR-1516 Catalyst Peru Dark Catalyst Peru Dark	PR-1517 Catalyst Peru Dark Catalyst Peru Dark	PR-1518 Catalyst Peru Dark Catalyst Peru Dark	PR-1519 Catalyst Peru Dark Catalyst Peru Dark
Duration	12:19	11:50	16:55	14:02
Dev. time	04:32	04:05	04:04	04:12
First crack	07:47 - 390.4°F	07:45 - 390.6°F	12:51 - 392.7°F	09:50 - 395.1°F
End temp.	432°F	437.4°F	437.7°F	436.3°F
Roast value	46.6 Lighttells	46.7 Lighttells	47.8 Lighttells	47.3 Lighttells
Roast value 2	61.8 Lighttells	60.6 Lighttells	63 Lighttells	61.8 Lighttells
Dev. time ratio	36.8%	34.5%	24%	29.9%
Color change	04:27 - 311°F	04:28 - 311.4°F	06:53 - 314.4°F	05:01 - 315.3°F
Weight change	-16.78%	-16.78%	-16.55%	-16.78%

기술 용어	Short	Medium	Long
다크 초콜릿	V	V	V
건자두/자두	VV	V	VV
스모키	V	V	VV
제빵용 향신료			V
캐러멜	V	V	V
견과류	V		V
텁텁함/끈적함	V		
자극적인 풍미	V	V	V
바디	VV	V	V
애프터테이스트	V	V	VV
향미의 중후함	V	V	VV
나무 맛/종이 맛			V

우 비슷하면서도 서로 달라서 흥미로운 관능 경험을 선사한다!

세 커피의 테이스팅 노트를 비교하면 비슷한 점도 있다. 그러나 각 커피별 기술 용어의 강도는 모두 다르다. 그런데 나를 놀라게 한 것은 스모키 느낌, 질감, 바디, 애프터테이스트의 차이점, 그리고 향미 품질의 차이점이었다. 1차 크랙이 발생하기 전까지의 시간을 감안하면 질적인 차이는 있을 수 있지만 극명한 차이를 드러내지 않을 수도 있다. 그렇긴 해도 여전히 내 취향은 존재한다.

다음 시도에서는 하면 안 되는 것

나의 커피 여정을 함께했던 분들이 이제부터 내가 설명하는 내용에 놀라지 않길 바란다. 그리고 이제 막 이 분야에 발을 들인 분들에게는, 바로 아래 내용이 내가 생각하는 핵심 개념이라고 말하고 싶다. 여러분은 나와 견해나 취향이 다를 수 있다. 우리 업계가 환상적으로 멋진 점 중 하나는 우리는 대개 자기 취향을 따른다는 점이다. 나는 여러분이 나와 다른 견해를 가지고 있기를 바란다. 또한 여러분이 선호하는 접근 방식으로 커피를 실험해 보고, 향미를 더욱 개선하는 데 도움이 될 수 있도록 다음 실험도 시도해 보기 바란다.

나의 취향:

일단 많은 것이 비슷했지만 나는 안타깝게도 내가 강배전 커피를 로스팅하는 데 주로 사용하던 마지막 로스팅에 약간의 우위를 두게 되었다. 그 이유는 로스팅을 빨리 진행할수록 뭔가 빈 듯하고 질감과 향미 조합이 약간 나빠지는 느낌, 즉 앞에서 말했던 끈적끈적하고 텁텁한 특성이 약간 불쾌하게 느껴졌기 때문이다. 반면에 두 스타일 중 더 길게 로스팅한 쪽은 자극적인 풍미가 너무 강했다. 이 프로파일은 처음에 생각했던 것보다는 훨씬 낫지만 개인적인 취향은 아니었다.

내 취향에 가장 가까운 것은 1차 크랙이 10분쯤에 오는 것으로, 초콜릿과 은은한 스모키 느낌과 부드러운 과일 느낌이 훌륭한 조합을 보여준다. 질감, 향미의 무게감, 바디감 모두 균형이 잘 잡혀 있다.

흥미롭게도 나는 2차 크랙에 도달하지 못해 "실패한"(그렇지만 색상 값은 비슷했다.) 배치도 괜찮았다. 어쩌면 발현 시간이 더 길어서 그랬는지도 모른다. 그래서 다음 강배전 실험에서는 발현 시간을 두고 실험해서 어떤 점이 나아지는지 살펴보려 한다.

우승 프로파일의 최종 테이스팅 노트는 다음과 같다.

초콜릿, 자두, 둥근 느낌, 달콤함, 균형감 있음. 이 커피의 바디는 중간 이상의 묵직한 바디감에 애프터테이스트에서는 은은한 스모키 느낌과 구운 헤이즐넛 느낌이 있다. 커피가 식으면서 부드러운 초콜릿, 캐러멜, 견과류 느낌과 함께 자두 향과 은은한 스모키 느낌이 있다.

다음 번 실험

다음 실험에서는 이전 로스팅과 동일하게 하되, 1차 크랙 시작 이후 로스팅이 끝나는 2차 크랙까지의 발현 시간과 색도에 변화를 줄 것이다. 원두와 분쇄 커피 색상과 무게 감소비가 다르게 나올 수 있겠지만 일관성을 유지하기 위해 노력할 예정이다. 각 로스터가 가진 공기 온도의 차이는 원두 온도 값에 약간의 왜곡을 가져오는데 이로 인해 최종 배출 온도는 달라져야 하고 어느 정도는 감으로 잡아야 한다.

여기서 목표는 발현 시간을 하나는 3분, 다른 하나는 5분으로 하고 다른 로스팅 조건은 일치시키는 것이다. 발현 시간의 변화가 과일 느낌과 단맛에 어떻게 영향을 미치는지 살펴보는 것은 흥미롭다. 또한 어떤 뉘앙스와 구체적인 테이스팅 노트가 나타나는지도 눈여겨 살펴볼 것이다. 이는 로스팅 조절 방식을 결정할 때 필요할 뿐만 아니라 유익한 정보가 될 것이다.

강 배 전

발 현 시 간

강배전 5차

짧은 발현 시간

첫 번째 로스팅은 간단했다. 나는 1차 크랙이 시작된 후에도 파워/화력을 계속 올린 상태로 유지해 더 짧은 발현 시간으로 최종 색상/온도/2차 크랙에 도달했다. 이런 방식은 언제나 로스팅이 끝나는 시점에서 버너가 더 뜨겁기 때문에 공기 온도가 상승하고, 이로 인해 커피콩 온도가 더 높게 측정된다. 그래서 동일한 로스팅 색상에 도달하려면 커피콩의 최종 배출 온도가 더 높아야 한다. 하지만 나는 아직 이 방식에 능숙하지 않아서 얼마나 더 높은 온도가 필요한지는 로스팅이 끝날 때까지 알 수 없다. 164페이지의 빨간색 로스팅 프로파일과 노란색 참조 곡선을 확인해 보자.

이 로스팅은 제법 잘 되었다. 참조 곡선 대비 1°F 정도 더 높은 온도에서 끝냈다. 솔직히 (대략 1℃ 정도) 더 높였으면 무게 감소비나 색상을 완벽하게 맞출 수 있었을 것이다. 이쪽이 더 좋을 수 있겠지만 이 정도면 색상 비교시 나의 허용 범위 안에 들어간다. (일반적으로 애그트론 기준 ±3) 발현 시간이 빠르면 내부 색상이 밝아지고 발현 시간이 길면 내부 색상이 어두워지는 경향이 있으므로 분쇄 커피 색상에 차이가 생기는 것은 예상 가능했다.

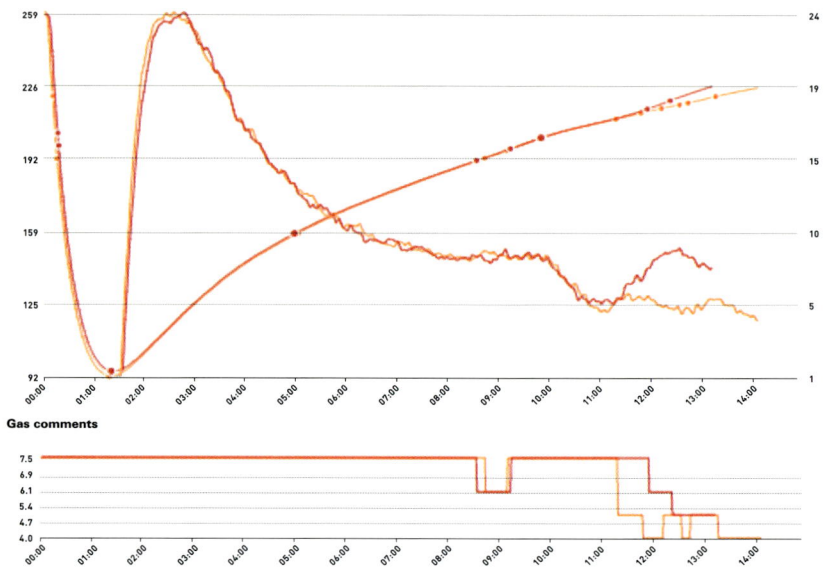

PR-1524 : 짧은 발현 시간

이 커피는 로스팅하는 것도 재미있었지만 맛도 정말 좋았다! 드라이 아로마에서 예기치 못한 단맛과 과일 향이 느껴졌다. 첫 번째 테이스팅에서는 맛에서 초콜릿, 과일, 더 가벼운 느낌이 나고 애프터테이스트에서는 은은한 스모키 느낌이 났다. 이후 시음을 거듭할수록 과일 느낌과 산미가 더 두드러지고 상쾌한 산미, 초콜릿, 망고, 기분 좋은 균형감이 느껴졌다. 나는 이 커피에 매우 만족했다.

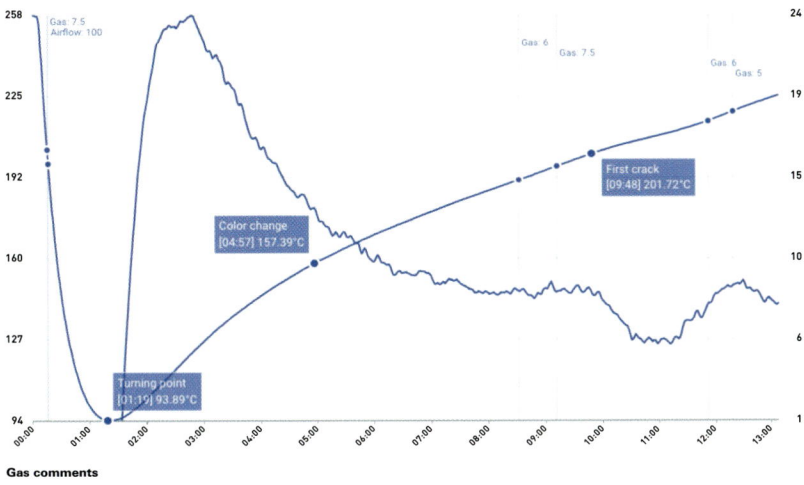

Gas comments

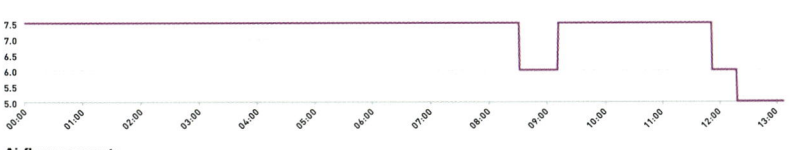

Airflow comments

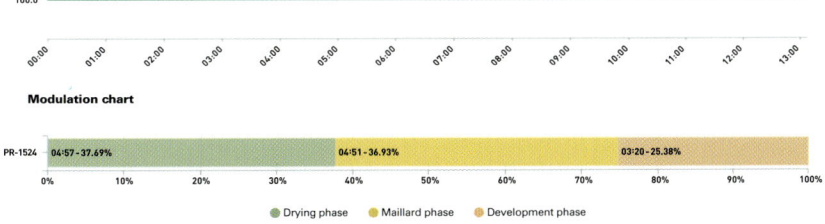

Weight loss	-16.33%
Color change	04:57 - 157.39°C
First crack	09:48 - 201.72°C
Duration	13:08
Dev. time	03:20
Roast value	48.2 Lighttells
Roast value 2	64.1 Lighttells
End temp.	225.28°C

강배전 6차

긴 발현 시간

두 번째 로스팅은 다소 까다로웠다. 발현 시간을 1분 정도 늘려 2차 크랙에 도달하게 하면서도 커피 색상을 너무 어둡게 해서는 안 되었다. 1차 크랙까지의 로스팅은 동일

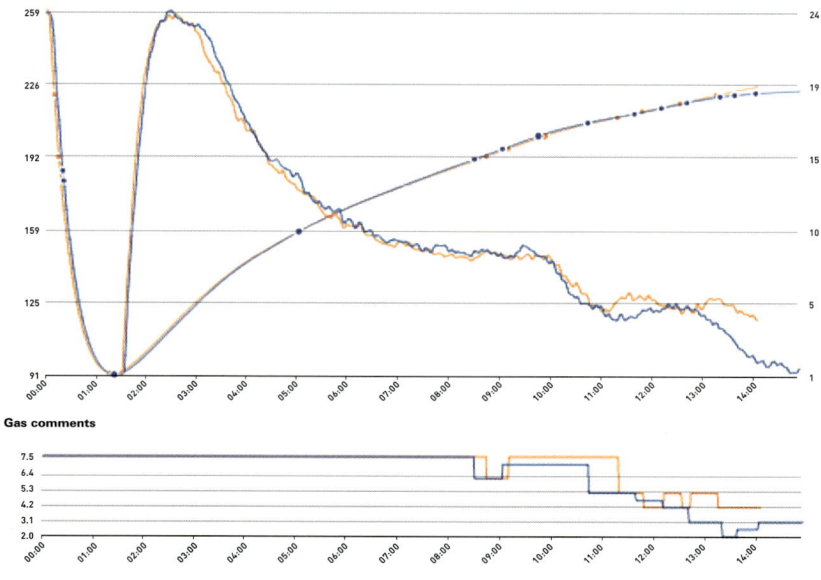

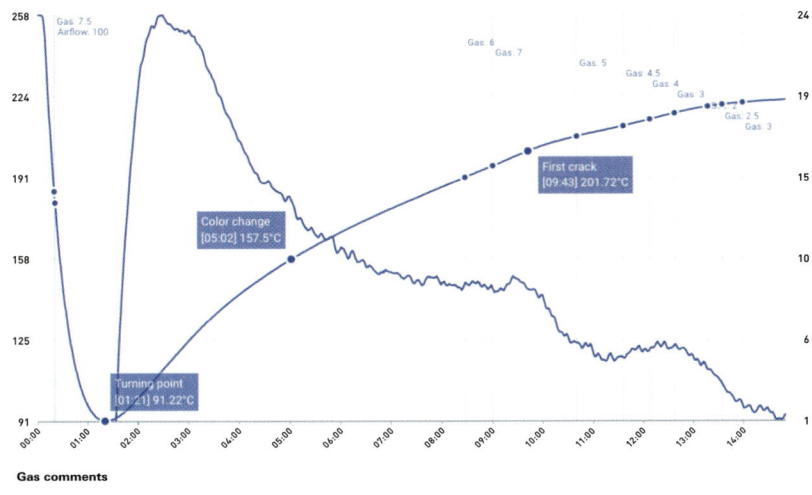

Gas comments

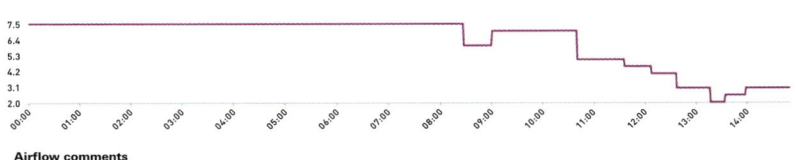

Airflow comments

Modulation chart

Weight loss	-17.01%
Color change	05:02 - 157.5°C
First crack	09:43 - 201.72°C
Duration	14:51
Dev. time	05:08
Roast value	46 Lighttells
Roast value 2	59 Lighttells
End temp.	222.72°C

하게 하고, 다음에 화력을 줄여 참조 곡선 아래로 천천히 떨어지게 하려 했다. 좀 더 잘 할 수 있었던 부분, 프로파일에 차별화할 만한 부분이 있었지만 어쨌든 원하던 것을 정확히 달성했다. 166페이지 파란색 로스팅 프로파일과 노란색 참조 곡선에서 확인할 수 있다.

이전 로스팅과 마찬가지로, 로스팅 후반부에 낮은 화력을 사용하면 공기 온도가 낮아져 최종 원두의 온도는 낮아지게 된다. 여기에 로스팅이 1분 더 길어지면, 이전보다 더 낮은 온도에서 로스팅을 마쳐야 한다. 보시다시피, 이 로스팅은 참조용 "기본" 로스팅보다 상당히 낮은 온도에서 끝냈어야 한다. 그래도 1℃ 정도 빨리 끝낼 수 있었다. 어쨌든 이번에도 최종 색상(애그트론 ± 3)과 무게 감소비(내가 선호하는 수치보다 높지만)는 내 허용 범위 내에 들어왔다.

PR-1525 : 빠른 발현 시간

초콜릿 느낌이 있긴 한데 좀 아쉬웠다. 향은 초콜릿이 뚜렷하고 당밀 느낌이 살짝 난다. 테이스팅에서는 초콜릿, 강한 풍미, 견과류 특징과 함께 다른 로스팅보다 훨씬 강한 스모키 느낌과 자극적인 풍미가 애프터테이스트에서 느껴졌다. 식으면서 자극적인 풍미, 무거운, 둔탁한 느낌이 커졌다. 질감은 탁하고 약간 드라이했다.

1 차 크 랙

진 행 비 교 2

발현 시간 차이를 비교하면 훨씬 더 간단하다. 아마도 이후 글쓰기를 계획하는 데 영향을 미치지 않기 때문인 것 같다. 또한 1차 크랙 시작 시간 대비 발현 시간이 미치는 영향의 차이로 인해 예상할 수 있는 결과이기도 하다. 발현 시간은 1차 크랙 시작 시간보다 커피 향미에 미치는 영향이 크다. 이 차이가 더 잘 드러나서 테이스팅하는 데 고민을 덜 수 있었다.

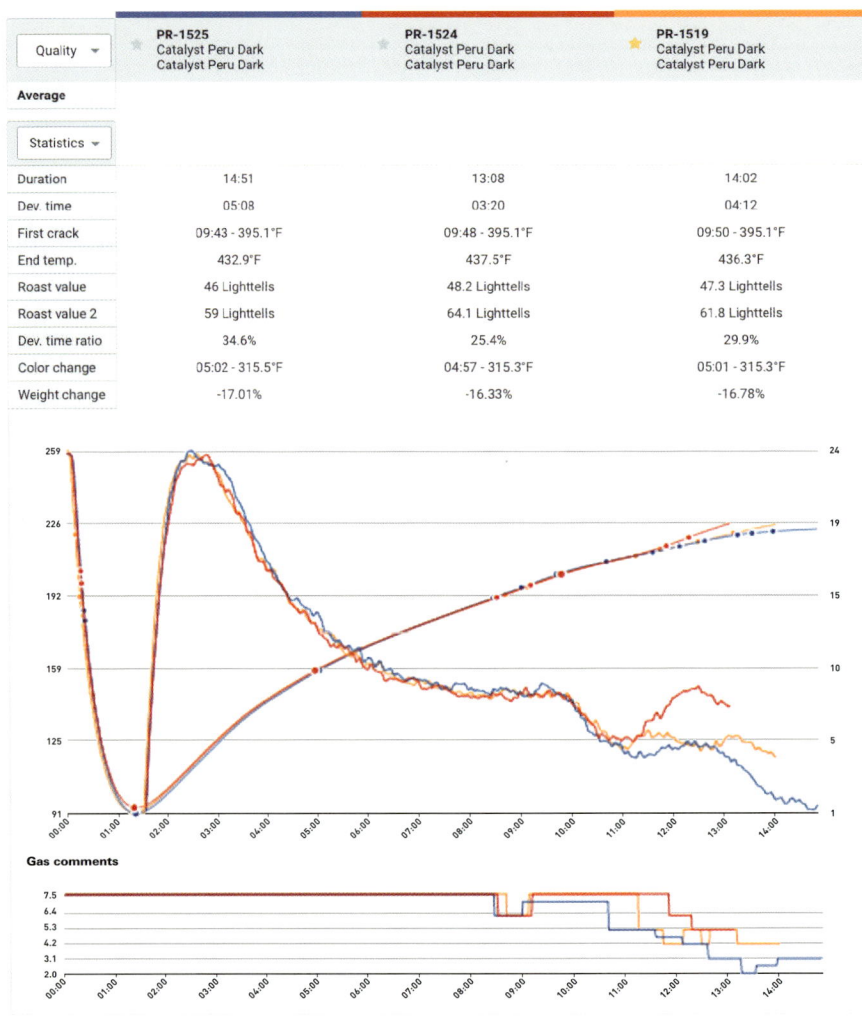

새로운 로스팅 방식 두 개와 "기본" 참조 곡선 중 하나를 선택해야 한다면 기본 프로파일을 선택할 것이다. 발현 시간 5분 테스트는 고려할 필요도 없었다. 커피 특색이 매우 감소하고 질감이 나빠졌기 때문이다. 나는 이런 로스팅 방식이 2차 크랙을 넘기는 로스팅을 원하는 고객을 만족시키려는 로스터에게 필요할 수 있다고 생각하지만 정작 그런 로스터는 이렇게 하길 바라지 않을 것 같다.

향미 면에서는 색상으로 짐작하는 것보다 더 강배전 느낌이었다. 발현 시간을 3분으로 잡은 방식은 정말 좋았다. 나는 이런 로스팅 스타일에서 나타나는 약간의 산미를 좋아한다. 오래 전 내가 오리건주 포틀랜드에 있는 노사 파밀리아 커피에서 근무하던 시절, 초콜릿 입힌 딸기맛 커피를 만들기 위해 사용한 로스팅 접근법을 연상케 한다. 하지만 이것이 대부분의 강배전 커피 고객이 좋아할 만한 향미 프로파일인지는 잘 모르겠다. 그래서 나는 여전히 발현 시간을 4분으로 잡은 방식을 가장 선호하는 편이다. 아마 3분 30초 정도로 발현 시간을 맞춘다면 양쪽 모두를 만족시킬 수 있지 않을까 싶다.

어떻게 하면 될까?

| 모든 실험을 마치고 난 뒤라면 어떤 조언을 할 수 있을까?

"모든 사람의 조언에 귀를 기울여라. 그런 다음 네 맘대로 해라." _나의 할머니 프래니

여러분은 이 책을 읽으며 모든 선택지를 검토해 봤다. 이제 커피, 로스터, 강배전 프로그램을 어떻게 선택할지 고민스러울 것이다. 내 할머니가 늘 하시던 말로 조언을 대신하겠다. "모든 사람의 조언에 귀를 기울여라. 그런 다음 네 맘대로 해라." 커피 로스팅에 정답은 없다. 나는 강배전 접근법 중 최선의 방식이 있을 거라 생각하지만 언제나 환상적인 커피를 만들어 내는 특정한 방식이 있다고 생각하지는 않는다.

그래도 다음 방법을 추천한다. 옐로우까지는 5분~6분, 1차 크랙은 9분 30초~10분, 발현 시간은 3분 30초~4분으로 잡아 보자. 물론 2차 크랙에 도달하기까지 트라이어로 계속 원두 색상을 확인해야 한다.

몇 년간의 강배전 경험을 통해, 다음 몇 가지 내용을 확인할 수 있었다. 어떤 커피는 2차 크랙까지 걸리는 시간이 내가 실험했던 페루 커피보다 빠를 수 있다. 높은 재배 고도의 아프리카 커피에는 이런 방식이 적합할 수 있고 1차 크랙이 빠르게 왔던 페루 커피에서 나타난 몇몇 좋지 않은 느낌이 나타나지 않을 수도 있다. 둘째, 다른 실험에서 얻은 경험에 따르면 저품질 커피 또는 묵은 커피는 1차 크랙이 늦게 오는 로스팅

프로파일에서 더 좋은 결과가 나왔다. 이런 방식은 커피가 가진 거친 느낌을 부드럽게 하는 효과가 있어 세 가지 방식 중 가장 좋은 맛을 낼 수 있는 것 같다.

나는 지난 수 년 동안 발현 시간이 4분을 넘을 필요가 없다고 말해 왔다. 지금도 대부분의 경우 그게 맞다고 느낀다. 하지만 발현 시간이 4분 30초였음에도 2차 크랙에는 도달하지 못했던 빠른 로스팅은 맛이 좋았다. 그러므로 이 말이 언제나 맞는 것은 아닐 것이다.

―

다음은 강배전 커피의 향미 프로파일을 조절하는 방법에 집중하려고 한다. 이 부분에서 나는 이전 작업뿐만 아니라 내가 해 온 교육과 컨설팅 경험을 반영하려 한다.

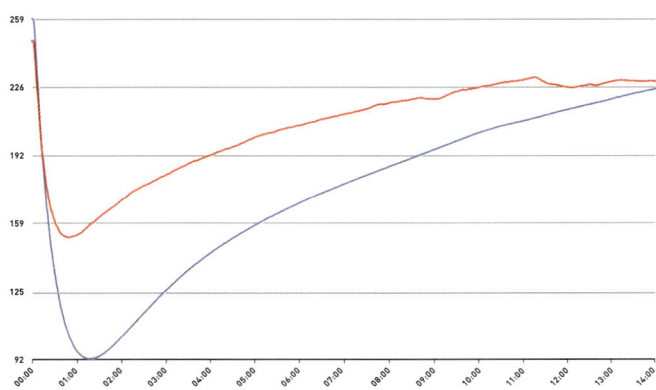

강배전 커피의
향미 프로파일 조절

내가 쓴《최적의 향미 프로파일Modulating the Flavor Profile of Coffee : One Roaster's Manifesto》의 영향이 업계에서 지속되고 있다는 건 무척 기쁜 일이다. 이 글 역시 그 글의 주제와 연속선상에 있다. 비록 다루는 커피 색깔은 다를지라도. 나는 이런 일반적인 경향성을 탐구하고 그것이 2차 크랙이 시작할 때까지 로스팅한 커피에서 어떻게 표현되는지 보여주고자 한다.

나는 이미 로스팅에서 다섯 가지 중요한 단계와 각각의 단계가 커피의 향미 프로파일에 어떤 변화를 가져오는지에 대해 설명했다. 각각 건조, 마이야르, 발현, 압력 형성, 로스팅 종료 온도다.

건조는 로스팅 시작부터 나타나 커피 색깔이 노란색이 될 때까지 계속된다. 이 단계는 커피의 수분 증발이 주요 현상이기 때문에 건조라고 표현했다.

두 번째 단계인 마이야르는 건조가 끝나는 시점부터 1차 크랙 시작점까지다. 이 단계에서 일어나는 주요 화학반응을 마이야르 반응으로 분류할 수 있기 때문이다. 물론 더 적절한 이름을 붙일 수도 있다. 마이야르 반응은 그 전부터 일어나(갈색 색소가 노란색을 만든다.) 로스팅 끝까지 계속되기 때문이다. 또한 당 캐러멜화는 1차 크랙 이전부터 일어나 한동안 지속된다. 그리고 커피의 표면에서는 커피 내부와 다른 변화가 일어난다. 커피 내부는 아직 남아 있는 수분과 탈수 과정으로 인해 커피 표면보다 반응이 늦고 다양한 다른 경로를 취하기 때문이다.

로스팅 중 초기 압력 형성은 건조와 마이야르 단계로부터 시작한다. 로스팅 중 커피 내부의 수분이 가열, 팽창, 궁극적으로는 상변이를 거친다. 이로 인해 압력이 축적되어 1차 크랙이 발생한다. 1차 크랙의 균열을 통해 커피는 더 이상 증기압을 가두지 못하고, 수분이 커피콩 외부로 빠져나오면서 기계적인 균열이 일어난다. 수분 보유로 인한 이러한 압력 형성은 화학반응이 일어나는 방식을 변화시킨다. 나는 과학자가 아니기 때문에 정확히 어떤 변화가 일어나는지 설명할 수 없지만, 확실한 것은 경로도 달라지고 그로 인해 결과도 달라진다는 것이다. 로스팅 결과물을 오래 살펴볼수록, 코

펜하겐의 커피마인드 아카데미에 있는 모르텐 뮌초우Morten Münchow 같은 커피 업계의 훌륭한 사람들과 함께 일할수록, 나는 커피 성분보다 더 중요한 것은 1차 크랙까지 쌓이는 압력이라는 생각이 들었다. 건조의 마지막 지점이나 마이야르의 시작 부분이 중요하지 않다는 것이 아니라, 1차 크랙까지 쌓이는 전체 압력 형성보다는 덜 중요할 수 있다는 말이다.

압력 형성 다음에 나타나는 것이 1차 크랙이다. 발현 시간은 흔히 1차 크랙에서부터 로스팅이 끝나는 시점까지를 말한다. 이 단계에서 수분은 방출되고 커피 내부에서는 초기 로스팅 단계와는 다른 화학반응이 일어난다.

내가 로스팅 중 제어 가능한 마지막 단계로 언급한 것은 로스팅이 끝날 때의 "배전도"다. 커피를 얼마나 다크하게 로스팅했는가? 이것은 대개 로스팅이 끝나는 시점의 온도와 관련 있는데, 이는 경우에 따라 적합한 지표가 될 수 있지만 로스터의 입력 제어나 공기 온도에 더 큰 변화가 있는 경우 로스팅 색상을 측정하기에 불완전한 지표일 수 있다. 로스팅 색상이라는 특정 부문을 가장 잘 측정할 수 있는 것은 커피 색도계다. 색도계 데이터를 사용하면 원두의 명암과 분쇄 커피 색상을 객관적으로 측정할 수 있다. 원두 색상은 외부가 얼마나 로스팅되었는지를 나타내고, 분쇄 커피 색상(에스프레소용 분쇄도 정도를 권장)은 커피의 평균(내부와 외부) 색상을 나타낸다.

향미에 미치는 영향

향미에 미치는 영향에 대해 탐구할 때, 커피의 개별 향미에 너무 집중하기보다는 커피에서 기대하는 일반적인 경향에 주목하는 것이 중요하다. 개별 향미는 커피마다 다르지만 경향성은 일관되게 유지된다. 그러므로 이 장에서는 강배전 전체의 일반적인 경향 및 그 표현 방식을 살필 것이다.

압력 형성의 영향

앞서 언급했듯이, 1차 크랙까지의 압력 형성은 건조나 마이야르 단계 같은 개별 요소보다 더 중요하다. 그러나 압력 형성의 영향은 우리가 제어하는 발현 시간이나 로스팅 종료 시점의 색상보다는 의미가 덜하다. 그렇지만 나는 1차 크랙까지의 시간에 따라 커피의 표현 방식이 크게 달라진다는 점을 발견했다. 즉, 바디감, 애프터테이스트, 복합성, 자극적인 풍미, 향미의 무게감 등이 영향을 받았다. 흥미롭게도 이 요소들 중 상당수는 바디와 관련이 있어 보인다. 이 부분은 따로 이야기하겠다.

커피의 바디는 아무리 노력해도 제대로 정의하기 쉽지 않다. 모르텐과 내가 반복해서 알아낸 경이로운 사실 중 하나는 TDS가 동일할지라도 블라인드 테이스팅에서 커피의 바디에 대한 정의가 절대적으로 일치하지 않았다는 점이다. 업계 전반의 합의가 부족함에도 불구하고 나는 지금도 바디가 영향을 미친다고 말하는 이유는 블라인드 테이스팅 중 언제나 바디가 중요한 요소임을 느끼기 때문이다. 다만, 바디는 용해도와 향미/애프터테이스트의 무게로 나눌 필요가 있다. 커피의 용해도 관련해서는 로스팅 속도가 빠를수록 부피 변화가 커져서 용해도가 높아진다는 것이 널리 알려져 있다. 이 부분은 1차 크랙까지 로스팅 방식을 달리 했던 커피의 부피 측정 및 TDS 측정치로 확인된다. 1차 크랙까지 가장 빨랐던 커피는 부피가 눈에 띄게 더 컸고 추출 후 TDS도 더 높았다. 즉, 가장 빠르게 로스팅한 커피는 추출을 조정하지 않는 한 음료에 더 많은 커피 성분이 담겨 있기 때문에 "바디감이 더 높다"는 뜻이다. 향미와 애프터테이스트의 경우는 정반대 결과가 나타난다. 1차 크랙까지 더 길게 로스팅한 커피가 빠르게 로스팅한 커피보다 향미는 더 중후하고 애프터테이스트도 더 긴 경향이 있었다.

복합성 또한 흥미로운 주제다. 기록을 바로잡자는 의미에서 말하는데, 나는 복합성은 낮고 선명도가 높은 커피를 선호한다. 그러므로 (최소한 약배전에서만큼은) 1차 크랙까지의 시간이 짧은 커피를 좋아한다. 《최적의 향미 프로파일Modulating the Flavor Profile of Coffee》을 쓴 이후, 많은 독자들이 내가 복합성을 선호하기 때문에 마이야르 진행 시간이 긴 쪽을 지지한다고 생각했다. 그러나 전혀 그렇지 않다. 복합성은 좋을 수 있지만 커피의 향미 표현을 뭉뚱그릴 수도 있다. 파티에 아는 친구들을 모두 초대하면, 정말 친해지고 싶은 소수의 친구들은 만족시키기 어려울 것이다. 반대로 친구 몇만 불러 밤새 보드 게임을 한다면 함께 어울리고 싶었던 사람에게 더 집중할 수 있다. 커피 향미도 그렇다.

자극적인 풍미는 복합성의 일부이긴 하지만 따로 다룰 만한 가치가 있다. 나는 이 풍미를 허브, 녹말, 식물성, 고기 등의 속성으로 표현한다. 1차 크랙까지 로스팅 시간이 길어질수록 이 향미가 점점 더 깊이 표현된다. 가장 좋은 경우에는 허브 향이 기분 좋게 나타나지만 최악의 경우, 커피에서 개 사료 같은 냄새가 나기도 한다. 나는 자극적인 풍미의 정반대는 꽃 향이라고 생각한다. 커피를 1차 크랙까지 충분히 빠르게 로스팅하면 이 풍미는 사라지고 꽃 향이 나타난다. 이 시점은 커피마다 매우 다르다.

요약하면, 1차 크랙까지 짧게 로스팅할수록 커피가 더 잘 녹고 꽃 향이 강하며 향미는 가볍고, 자극적인 풍미와 복합성은 덜하다. 반대로 1차 크랙까지 오래 걸린 로스팅은 향미가 묵직하고 애프터테이스트가 길고 자극적인 풍미와 복합성이 증가한다. 이는 1차 크랙까지 로스팅 속도를 빠르게, 중간으로, 느리게 진행할 때의 결과와 비슷하다. 가장 빠른 로스팅에서는 자극적인 풍미가 줄어들고 향미가 약하며 비교적 단순했다. 1차 크랙에 13분이 걸린 로스팅에서는 향미가 중후하고 자극적인 풍미가 커졌으며(전분, 스모키) 애프터테이스트가 길었다.

발현 시간의 영향

발현 시간은 과일 느낌, 신맛과 관련이 가장 크다. 커피의 생동감, 활력에도 영향을 주며, 원두와 분쇄 커피의 색상 분포도 발현 시간과 관련성이 있다. 일반적으로 발현 시간이 길수록 원두와 분쇄 커피의 색상 값은 더 비슷해진다. 이로 인해 "동일성"은 높아지고 생동감은 줄어든다. 발현 시간이 짧을수록 산미와 과일 느낌은 더 커질 것이라는 게 내 의견이다. (어느 정도까지는 그럴 것으로 보인다. 아마 약배전에서 90초까지는 최대치로 나타나는 포물선을 그릴 것 같다. 그렇지만 여기서는 강배전에 대해 논의하고 있다.) 발현 시간이 길면 향미가 단조로워지거나 둔탁해진다. 로스팅 색상에도 영향을 주는데, 발현 시간이 짧을수록 색은 살짝 밝아지고 발현 시간이 길어질수록 색은 더 어두워지고 향미 느낌도 무거워진다.

이번 실험에서도 그런 경향이 잘 나타났다. 발현 시간이 가장 빠른(3분) 것은 생동감이 더 컸고 망고가 연상되는 향미가 있었다. 중간(4분)은 은은한 자두 느낌이 많았다. 발현 시간이 가장 긴 것(5분)은 무디고 과일 느낌이 없었다.

종료 시점의 색상과 향미

종료 시점의 로스팅 색상에 대해서 많이 다루지 않았지만 (의도한 바였다), 역시 이야기할 거리가 많다. 강배전으로 로스팅하면 향미가 보다 쓴맛, 다크 초콜릿, 스모키 느낌으로 이동한다. 또한 흙내음과 향신료 느낌 또한 나타나기 시작할 것이다. 약배전으로 로스팅한다면 스모키 느낌은 사라지고, 초콜릿 느낌은 약해지며 캐러멜과 견과류 느낌의 맛이 더 나타날 것이다. 너무 약하게 로스팅하면 이전에 언급했던 약배전 맛이 날 것이다. 너무 강하게 로스팅하면 스모키, 탄화된 느낌만 남을 것이다.

결론

"강배전을 선택하는 고객을 위해 품질 관리 팀을 배치하는 것은 당연한 의무다."

이 글을 준비하면서 나는 강배전 커피를 구독했고 한 달 넘게 거의 강배전 커피만 마셨다. 이 세트를 위해 진행한 로스팅 작업의 모든 테이스팅을 거친 후, 나는 강배전 커피가 진정 좋다는 것을 깨달았다. 앞으로 평생 강배전 커피만 마시겠다는 건 아니지만, 강배전 커피는 내가 지금보다 더 자주 즐길 커피 중 하나가 된 것 같다. 강배전 커피의 세계는 다른 향미 프로파일에 적응한 이후에 비로소 열린다. 나와 다른 사람들이 과거에 "모든 강배전 커피는 맛이 똑같다."라고 말했던 것은 이 세계에서 보낸 시간이 부족해서 생긴 허세나 무지에서 비롯된 것이다. 당신 매장에서 강배전 커피를 제공한다면, 당신에게는 고객과 품질 관리팀이 커피를 평가할 수 있는 기회를 제시할 책임이 있다.

글을 마무리하려니 뻔한 말만 한 건 아닌가 하는 아쉬운 느낌이 든다. 내 마음에 드는 로스팅은 결국 지난 수 년간 내가 강배전에 사용한 방식이었다. 나는 1차 크랙까지 시간을 길게 잡는 방식이 선택되길 바랐다. 스페셜티 커피가 수년에 걸쳐 진화하는 과정을 다시 생각해 보는 것이 매력적이라고 생각했기 때문이다. 그러나 궁극적으로 블라인드 테이스팅에서 그런 결과가 나오지 않았다. 하지만 나는 이들 커피 중 맛이 끔찍한 커피는 하나도 없었다는 점을 강조하고 싶다. 단지 어떤 커피는 다른 것에 비해 내 입맛에 더 맞았을 뿐이다. 여러분의 결과는 다를 수 있고, 나는 그렇기를 바란다. 모두 같은 커피를 선호하는 것보다 훨씬 더 흥미로울 것이다. 즉, 나는 여러분이 경험하는 커피 맛의 경향성(선호도가 아니라)이 나와 같을 것이라 믿는다.

강배전 커피는 중배전을 더 길게 볶는 것이 아니다. 강배전만을 위한 방법이 필요하다. 그 최종 색상이 가진 향미는 다른 방법으로 달성하기 어렵기 때문에 소비자를 만날 때 이런 풍미를 소비자에게 보여주는 것이 필수적이다. 나는 고객을 강배전 커피에서 약배전 커피로 안내하는 것이 더 나은 일인지 고민하고 있다. 나는 아주 오랫동안 "고객들은 밝고, 화사하며, 산미 있는 커피를 원한다"고 설득하기 위해 노력해 왔지만, 이제 잘 만든 강배전 커피에 대해 말할 거리가 생겼다. 앞으로 나의 에너지를 탁월한 강배전 커피를 만드는 데 쓰는 것이 더 바람직할지도 모른다.

카탈리스트 트레이드 www.catalysttrade.com에 큰 감사를 표한다. 이 책의 집필과 동시에 환상적인 페루 커피를 로스팅하여 이터레이션 커피 세트 고객들과 함께 즐길 수 있어 정말 좋았다. 오늘날 유행하는 라이트 로스팅 스타일을 넘어서는 커피를 가져가도 어색하지 않을 만큼 수입업체와 좋은 관계를 맺을 수 있는 것도 기뻤다.

지금까지 이터레이션 커피 세트에 참여해 주신 모든 분들께 진심으로 감사하다. 여러분의 성원이 없었다면 일 년 내내 훌륭한 커피를 로스팅할 수 없었을 것이고, 커피 로스팅을 위한 제품 개발에 몰두하는 것이 더 어려웠을 것이다. 앞으로도 여러분과 함께 커피에 대한 탐구를 계속할 수 있기를 기대한다!

부디 모두 안녕하길

롭

후기

좋다. 지금 머릿속에 떠오른 생각을 이야기해야 할 것 같다. 누군가는 온도 상승률이 지속적으로 내려가는 문제에 대해 질문할 것 같다. 그러면 다음 내용을 전제하고 이야기해 보자.

1. 스콧 라오와 나는 서로 존중하는 사이다.
2. 나는 커피 로스팅, 추출에 대한 그의 연구와 성과를 존경한다.
3. 나는 스콧이 로스팅한 커피를 정말 좋아한다.

강배전에 대해, 나아가 중배전에 대해서도, 나는 온도 상승률이 지속적으로 내려가도록 두는 것에 관용적인 태도를 취해 왔다. 나는 온도가 순간 떨어지는 현상dip이나 튀는 현상flick은 강배전 세계에서는 일어날 수 있는 요소로 받아들였다. 나도 약배전을 할 때는 대개 온도 상승률이 지속적으로 내려간다.

두 가지 방식을 모두 시도해 보고 어떤지 확인해 보자. 나의 할머니가 했던 조언을 기억해 주기 바란다. 좋은 커피를 만들고, 커피 생산자를 존중하며, 세상을 더 좋은 곳으로 만드는 것이라면 어떤 것이든 상관없다.

역자후기

호기심은 활기찬 지성의 영구적이고 확실한 특징 중 하나라고 한다. (새무얼 존슨) 그리고 호기심은 배움이라는 촛불의 심지라고 한다. (윌리엄 아서 워드) 이런 이해하고자 하는 인간의 욕망의 기초는 경탄이고 경탄을 만드는 것은 미스터리라고 했다. (닐 암스트롱) 커피 세계에서 가장 미스터리해 경탄을 자아내어 호기심을 일으키고 배움을 이끄는 것은 아무래도 로스팅일 것이다. 커피 로스팅을 알고자 하는 우리의 열망은 커피로스팅 3으로 이어진다.

스콧 라오의 아름다운 2개 저작에 이어 이번에는 그와 쌍벽을 이루는 커피 컨설턴트 롭 후스의 훌륭한 3개 저작을 묶어 여러분께 소개한다. 2015년에서 2023년 사이 로스팅에 관해 펴낸 그의 3개 저작은 커피로스팅이란 복잡한 주제 속에서도 가장 궁금한 부분, 알아내기 위해서는 오랜 경험과 탁월한 직관을 바탕으로 가정을 제시하고 놀랄 정도의 진지함과 꾸준함으로 실험해 작은 결과를 쌓아 가는 작업을 영원하다는 느낌이 들 정도로 반복해야 하는 부분, 힘들게 구축했더라도 여러 가지의 거부와 반대에 직면하고 어쩌면 무너질 수도 있는 결론을 제시하는 부분을 다룬다. 이는 확실히 힘들고 괴롭다. 마음과 뜻을 힘들게, 근육과 뼈를 괴롭게 하는 것은 하늘이 큰 임

무를 내려 단련하고 더 잘하게 하기 위해서라고 했지만(맹자) 이를 위해서는 용기가 필요하다. 여기에 더해 다른 많은 커피 세계의 선도자들처럼, 그는 겸손하게 자기의 경험 총체를 알리고 커피 로스팅에 열정적인 사람들의 참여를 부탁한다. 잘못을 지적하는 말에 기뻐한다는 말(맹자)을 그는 어디에서부터 알았을까? 다른 주제의 커피 서적에서도 그런 속성이 있지만, 유독 커피로스팅 중심의 서적은 이렇게 보다 많이 열려 있다. 이것은 열린 마음이다. 열린 마음은 누군가의 가치 있는 생각이 들어올 수 있게 한다. (마크 트웨인) 전체는 부분의 합보다 크다고 하고 (아리스토텔레스) 혼자 일하는 과학자보다는 여러 명이 함께 일한 결과가 더 효과적이라고 했다. (존 바딘) 홈바리스타닷컴을 비롯해 여러 커피 커뮤니티에서 어쩌면 대립하는 이론들 중심이었을 지도 모를 두 인물을 동일한 부문의 번역으로 연이어 소개하는 것은 커피 로스팅에 관한 넓은 이해와 이를 통한 발전을 위해서다. 대립이 없으면 발전도 없다고 했다. (윌리엄 블레이크) 모순은 모든 운동과 생명력의 근원이라고 했다. (게오르그 헤겔) 용인된 모순은 발전으로 이끈다.

당연하지만 이번에도 많은 분들이 번역 출간에 도움을 주셨다. 나 혼자서는 할 수 있는 일이 너무나 적지만 함께 할 때 큰

일을 할 수 있다. (헬렌 켈러) 서필훈 대표의 감수, 윤은주 편집자님의 교정, 이새미 샘솟다 대표님의 디자인, 그리고 커피리브레 모든 분들의 도움이 이 책에 가득하다. 그리고 언제나 사랑을 가득 담아 응원해 주는 나의 가족과 사랑하는 마리아에게 감사드린다.

마침 활기찬 마음이 꽃피고 열매를 맺게 된다는 5월이다. (토머스 맬로리 경) 꽃봉오리가 터져 오르는 경이로움 속 사랑이 일어나는 5월에 (하인리히 하이네) 독자 여러분의 모든 날이 삶의 날이 되기를 기원 드린다. (조나단 스위프트)

지은이 **롭 후스**Rob Hoos는 커피 로스팅 컨설턴트이자 후스 커피 컨설팅 및 이터레이션 커피의 운영자다. 2008년부터 로스터로 일해 왔으며 로스팅, 교육, 구매, 프로파일 평가 등 스페셜티 커피 산업 부문에서 폭넓은 경력을 쌓았다. 스페셜티 커피 협회의 주제 부문 전문가로서 온라인 커피 로스팅 워크숍을 진행한다. 오리건주 레이니어에 있는 자신의 연구실에서 개인 교육도 진행한다.

옮긴이 **최익창**

2003년 고려대학교 법대 졸업
2010년 사단법인 한국스페셜티커피협회 사무지원팀장
2012년 수성구1인창조기업 '코페아룩스메아' 설립, 커피브리프 발간
2024년 현재 커피리브레 지식전략부장

1995년 커피자료 번역을 계기로 스페셜티 커피산업을 접하고
1997년 보헤미안 커피교실을 통해 커피산업의 가치와 소중함을 깨닫다.
이후 여러 커피업체의 일을 돕고 커피동호회에서 활동하면서
커피산업에서 필요한 지식의 정련에 힘써 왔다.

감수 **서필훈**

고려대학교 서양사학과 및 동대학원 졸업
안암동 보헤미안 커피하우스 실장 역임
현 커피리브레 대표

커피로스팅 3

초판 1쇄 인쇄 2024년 6월 24일

지은이	롭 후스
옮긴이	최익창
펴낸이	서필훈
펴낸곳	커피리브레
신고일	2012년 9월 5일
신고번호	제2012-000286호
주소	서울시 마포구 성미산로29길 17-8(연남동)
전화	02-325-7140
팩스	02-6442-7140
전자우편	choi@coffeelibre.kr
편집	윤은주
디자인	이새미
마케팅	류현지
관리	이유림
회계	서승희
인쇄	이지프레스

ISBN 979-11-954848-9-8

* 잘못된 책은 바꾸어드립니다.